Egon R. Sawizki

30 Minuten
NLP im Alltag

Bibliografische Information der Deutschen Bibliothek

Die Deutsche Bibliothek verzeichnet diese Publikation in der Deutschen Nationalbibliografie; detaillierte bibliografische Daten sind im Internet über http://dnb.d-nb.de abrufbar.

Umschlaggestaltung: die imprimatur, Hainburg
Umschlagkonzept: Martin Zech Design, Bremen
Lektorat: Hille & Schäfer, Freiburg
Satz: Zerosoft, Timisoara (Rumänien)
Druck und Verarbeitung: Salzland Druck, Staßfurt

© 2003 GABAL Verlag GmbH, Offenbach
5., überarbeitete Auflage 2011

Alle Rechte vorbehalten. Nachdruck, auch auszugsweise, nur mit schriftlicher Genehmigung des Verlags.

Hinweis:
Das Buch ist sorgfältig erarbeitet worden. Dennoch erfolgen alle Angaben ohne Gewähr. Weder Autor noch Verlag können für eventuelle Nachteile oder Schäden, die aus den im Buch gemachten Hinweisen resultieren, eine Haftung übernehmen.

Printed in Germany

978-3-86936-303-5

In 30 Minuten wissen Sie mehr!

Dieses Buch ist so konzipiert, dass Sie in kurzer Zeit prägnante und fundierte Informationen aufnehmen können. Mithilfe eines Leitsystems werden Sie durch das Buch geführt. Es erlaubt Ihnen, innerhalb Ihres persönlichen Zeitkontingents (von 10 bis 30 Minuten) das Wesentliche zu erfassen.

Kurze Lesezeit
In 30 Minuten können Sie das ganze Buch lesen. Wenn Sie weniger Zeit haben, lesen Sie gezielt nur die Stellen, die für Sie wichtige Informationen beinhalten.

- Alle wichtigen Informationen sind blau gedruckt.

- Schlüsselfragen mit Seitenverweisen zu Beginn eines jeden Kapitels erlauben eine schnelle Orientierung: Sie blättern direkt auf die Seite, die Ihre Wissenslücke schließt.

- *Zahlreiche Zusammenfassungen innerhalb der Kapitel erlauben das schnelle Querlesen.*

- Ein Fast Reader am Ende des Buches fasst alle wichtigen Aspekte zusammen.

- Ein Register erleichtert das Nachschlagen.

Inhalt

Vorwort   **6**

1. NLP – ein wirksames Kommunikationsmodell 9
Was erforscht NLP?   9
Modellieren   11
Verbale und nonverbale Hinweise im
Kommunikationsprozess   13
Die logischen Ebenen   17
Die „neurologischen" Ebenen   19
Grundannahmen und Prinzipien   20

2. Die Bedeutung der Wahrnehmung   25
Wie funktioniert Wahrnehmung?   25
Bevorzugte Repräsentationssysteme   29
Die Wahrnehmungsfähigkeit erweitern   30
Den eigenen Wahrnehmungstyp erkennen   34
Augenbewegungen   36

3. Die Welt des anderen entdecken   41
Der Wert gezielter Wahrnehmung   41
Kalibrieren   42
Rapport   45
Pacing   45
Leading   46
Unterbrechen des Rapports   48

4. Die Macht der Sprache — 51
Verbindung von Sprache und Erfahrung — 51
Linguistische Ansätze mit Klärungen — 53

5. Genaue Zielbestimmung — 61
Ziele konzentriert anstreben — 61
Kriterien wohlgeformter Zielbestimmung — 62
Kurzreframing — 64
Als-ob-Technik — 65

6. Ankern — 69
Ankern als menschliche Orientierung — 69
Moment of Excellence — 70

7. Reframing — 75
Entstehung anderer Bedeutungen — 75
Bedeutungsreframing — 76
Kontextreframing — 78
Reframing in komplexen Situationen — 79
Six-Step-Reframing — 81

Fast Reader — 84

Literaturhinweise — 93

Register — 95

Vorwort

Der GABAL Verlag legt in seiner bewährten 30-Minuten-Reihe einen weiteren Band vor: 30 Minuten NLP im Alltag – ein nach wie vor spannendes Thema, zu dem bereits zahlreiche GABAL-Publikationen erfolgt sind, auch aus der Feder des Autors:

In mehreren Auflagen ist das inzwischen vergriffene Werk: NLP im Alltag – Einführung, Techniken, Übungen erschienen. Es ist sehr verdienstvoll – seitens des Verlags und des Autors –, dem weiterhin bestehenden Bedürfnis nach kurz gefasster und doch kompetenter Information zum Thema NLP Rechnung zu tragen. Auf 96 leserfreundlich gestalteten Seiten werden die wesentlichen Inhalte des Themas und die Techniken von NLP verständlich dargestellt und durch Hinweise auf zielführende Partnerübungen vertieft.

Die Grundstrukturen von NLP werden wie auch die grundlegenden Repräsentationssysteme dargestellt; ferner werden Interventionstechniken und die Bedeutung und Möglichkeiten des Modellierens ebenso wie Rapport, Pacing und Leading ausreichend verdeutlicht, so dass der Leser nicht nur Definitionen erhält, sondern die Zusammenhänge verstehen kann und sogar seine ersten Erfahrungen im Gespräch mit Freunden zu sammeln in der Lage ist. Hierfür bieten die wertvollen Empfehlungen für wirksame Partnerübungen eine besondere Chance.

In zwei der insgesamt sieben Kapitel spielen mit Recht die bekannten NLP-Techniken „Ankern" und „Reframing" die zentrale Rolle. Insoweit werden nicht nur Hilfen für eine Verbesserung der Kommunikation geboten, sondern auch bewährte und einleuchtende Beispiele für eine Überprüfung von Verhaltensweisen zur Optimierung des Selbstmanagements.

Eine entscheidende Voraussetzung hierfür ist die verinnerlichte Erkenntnis der Individualität des Menschen, der zum Erfolg nicht irgendeine bewährte Methode übernimmt, sondern die zu ihm passende Methode bzw. Technik prüfen und auswählen sollte.

Dem Autor gelingt es mit seiner Publikation, nach wie vor bestehende Vorbehalte gegenüber NLP, die im Vorwurf der „Hilfeleistung zur Manipulation" gipfeln, indirekt entgegenzuwirken, indem er durch seine konstruktive Darstellung solchen Einwänden von vornherein einen dafür fruchtbaren Boden erst gar nicht bietet.

Prof. Dr. Hardy Wagner
Mitbegründer und Ehrenvorsitzender des GABAL e.V.
und Gründer des GABAL Verlags

30 MINUTEN

Können Sie Grundstrukturen, die NLP als Kommunikationsmodell bietet, erklären?
Seite 10

Was wird bei NLP unter dem Begriff „Modellieren" verstanden?
Seite 11

Kennen Sie die fünf wichtigsten Repräsentationssysteme?
Seite 12

1. NLP – ein wirksames Kommunikationsmodell

Das „Neuro-Linguistische Programmieren" (NLP) umfasst sowohl ein Modell zum Studium zwischenmenschlicher Kommunikation als auch Techniken effektiver Kommunikation. Methoden und Interventionstechniken des NLP finden Anwendung in vielen Bereichen menschlicher Kommunikation wie Organisation und Betrieb.

1.1 Was erforscht NLP?

NLP untersucht, wie wir unsere Denk- und Gefühlsprozesse, Verhaltensweisen und sensorischen Erfahrungen organisieren und strukturieren. Relevanz haben jene Prozesse, durch die Informationen über die Umwelt und soziale Interaktionen aufgenommen, kodiert, verarbeitet und wiedergegeben werden. Dabei ist von besonderer Bedeutung, wie Informationen über die fünf Sinne (Sehen, Hören, Fühlen, Riechen, Schmecken) aufgenommen und neurologisch verarbeitet werden.

John GRINDER und Richard BANDLER haben als erste in systematischer Weise deutlich gemacht, wie man sich Modelle („Landkarten") der Welt schafft und diese als Ausgangspunkte für die Interaktion mit der Umwelt benutzt. Realität wird also nicht direkt erfahren, sondern durch und in solchen eigenen internalen Landkarten repräsentiert und verarbeitet. So wird verständlich, dass Probleme im Umgang mit der Realität nicht nur als Reaktion auf äußere (Umwelt-)Bedingungen entstehen, sondern vor allem aus den Bedingungen der inneren Welt, das heißt aus dem persönlichen Modell der Welt und dessen Bezug zur Realität.

Die drei Komponenten des NLP
Aus dem oben Gesagten ergibt sich die NEURO-LOGISCHE Komponente des NLP. Diese bezieht sich auf die neurologischen und biochemischen (hormonalen) Regelkreise in unserem Körper, auf die Verarbeitung und Repräsentation von Informationen durch unsere Sinnessysteme und andere Auswirkungen auf unsere Befindlichkeit (internale Zustände).

Die LINGUISTISCHE Komponente des NLP beinhaltet den Ausdruck unserer Erfahrungen in den Prozessen Sprache, Denken, Imagination und Logik. In diesen nutzt der Mensch die sprachlichen Gestaltungsprozesse der Generalisierung, Tilgung und Verzerrung.

Die Komponente des PROGRAMMIERENS im NLP behandelt die wechselseitigen Beziehungen zwischen Neurologie und Sprache. Nervensystem und Sprache spiegeln sich gegenseitig in vielfältiger Weise wider und beeinflussen einander in Form von wechselseitigen Prozessen („Programmen"). Analog zu einem Computerprogramm könnte die menschliche Sprache als Programmierung unseres Körpers verstanden werden, die ausdrückt, wie die verschiedenen Wege der Nutzung dieser Programme die Funktionsweisen und Strukturen unserer körperlichen Prozesse bestimmen.

NLP befasst sich mit dem Nervensystem und der menschlichen Sprache. Es versucht zu erklären, wie der Mensch sich ein Modell der Welt macht und dieses in Bezug zur Realität setzt. Die drei Komponenten des NLP bilden den Schlüssel zum Verständnis dieser komplexen Prozesse.

1.2 Modellieren

Die Psychologie versucht zu verstehen und zu erklären, wie die menschliche Psyche und der menschliche Geist strukturiert und organisiert sind. Dabei geht es um die praktische Anwendung in den Bereichen menschliche Beziehungen, menschliches Verhalten und persönliches Wachstum („Modellieren").

Jeder Mensch kann alles lernen
Dem liegt der Gedanke zu Grunde, dass alle Menschen im Prinzip das gleiche neurologische System teilen und

daher jeder das lernen kann, was andere bereits gelernt haben, wenn dieselben neurologischen Prozesse und Abläufe aktiviert werden. Dabei stellen die Kategorien der sinnlichen Erfahrungen (visuell, auditiv, kinästhetisch, olfaktorisch, gustatorisch) die Grundlagen der persönlichen Strategien dar.

Repräsentationssysteme

Unter Repräsentationssystemen versteht man jene Gehirnstrukturen, die den Aktivitäten und Operationen der fünf Sinne zu Grunde liegen. Unser Gehirn verarbeitet und speichert alle sensorischen Informationen. NLP versteht jeden Schritt eines mentalen Vorgangs als eine Aktivierung sensorischer Prozesse, das heißt Denken wird als Kombination und Aneinanderreihung von Bildern, Klängen, Gefühlen, Gerüchen und Geschmack verstanden. Dabei spielt es keine Rolle, ob es sich um Entscheidungsprozesse, Lernen, Motivation, Erinnerung, kreative Gestaltung oder persönliche Überzeugungen handelt.

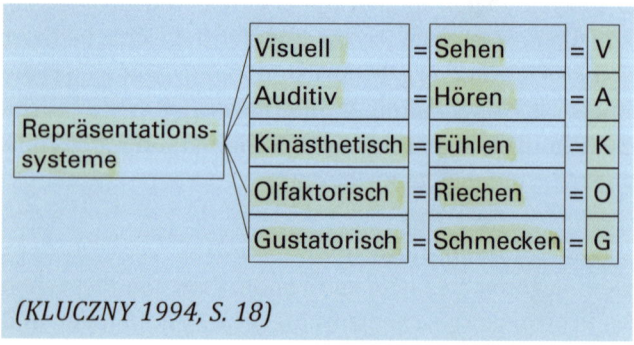

(KLUCZNY 1994, S. 18)

Bei der Lebensbewältigung orientieren wir uns an Erfahrungen und verbinden diese mit erwünschten Vorstellungen für unsere Zukunft, um den tatsächlich vorhandenen Gegebenheiten angemessen zu begegnen.

Neben der Nutzung von Sinnesmodalitäten und deren Orientierung besteht eine weitere Aufgabe darin herauszufinden, wie jene Repräsentationssysteme miteinander verbunden sind („Synästhesie") und in welcher Sequenz oder Reihenfolge sie genutzt werden. MOZART beispielsweise entwickelte Töne und Musik zu einem visuellen Konstrukt, das eine ganze Komposition repräsentierte. So war er genialerweise in der Lage, die gesamte Symphonie „auf einmal" zu hören und zu erleben.

NLP beschreibt den Effekt, den die Nutzung der Sinnesmodalitäten, ihrer Orientierung und deren Verknüpfungen hat.

1.3 Verbale und nonverbale Hinweise im Kommunikationsprozess

Zahlreiche Studien haben bewiesen, dass bewusste oder unbewusste nonverbale Hinweise und Verhaltensweisen mit spezifischen Formen gedanklicher Prozesse einhergehen.

Nonverbale Indikatoren

- **Körperhaltung**

  Personen, die in einen Gedankenprozess vertieft sind, zeigen spezifische Körperhaltungen in Verbindung mit den gedanklich genutzten Repräsentationssystemen: Bei bevorzugtem visuellem Repräsentationssystem: Eher zurückgelehnte Körperhaltung, Kopf und Schultern nach oben gerichtet. Denkvorgänge mit auditiven Inhalten: Körper nach vorne gelehnt, Kopf mitunter zur Seite gelegt, Schultern leicht nach oben gezogen, Arme verschränkt. Bei kinästhetischen Prozessen: Körperhaltung, Kopf und Schultern nach unten gerichtet.

- **Atmung, Mimik, Stimmqualität**

  Menschen, die in Denkprozesse vertieft sind, zeigen außerdem unterschiedliche nonverbale Reaktionen bei der Nutzung unterschiedlicher sensorischer Prozesse wie Atemmuster, Gesichtsausdruck, Geräusche und Stimmqualität. Bei überwiegend visuellen Prozessen: Atmung eher flach und hoch im Brustbereich, Augen häufig zusammengekniffen, Stimme oft hoch mit schneller Sprechgeschwindigkeit. Stehen auditive Sinnesmodalitäten bei Denkvorgängen im Vordergrund: Augenbrauen bisweilen leicht zusammengezogen, Tonhöhe und Sprechtempo wechseln. Gedankenprozesse v. a. im kinästhetischen Repräsentationssystem: Tiefe Bauchatmung, Gesichtsmuskeln entspannt, die Stimme mit dem Atemrhythmus verbunden, bei tiefer Stimme langsame Sprechgeschwindigkeit.

- **Gestik**
Berührungen im Augenbereich sowie Gesten in Augenhöhe: Verwendung des visuellen Repräsentationssystems. Bei auditiven Denkprozessen: Zeigen auf die Ohren, Fingerdrehen im Ohrenbereich, Berührungen von Mund, Lippen, Bart oder Wangen. In Kombination mit kinästhetischen Modalitäten: Berührung des eigenen Körpers im Brust-, Herz- und Bauchbereich.

- **Augenbewegungen**
Scheinbar automatische Augenbewegungen treten oftmals im Zusammenhang mit der Nutzung bestimmter sensorischer Modalitäten auf. NLP hat diese unbewussten nonverbalen Reaktionen als Augenbewegungsmuster zusammengefasst, die Hinweise auf die Nutzung bestimmter Repräsentationssysteme während eines Denkprozesses geben können.

Eine nach oben gerichtete Augenstellung lässt auf einen Zugang zum visuellen Repräsentationssystem schließen, wobei noch zwischen erinnerten inneren Bildern und neu konstruierten Vorstellungen unterschieden werden kann. Die Mittelstellung der Augen tritt bei Verwendung von auditiven Prozessen auf. Ebenso lässt sich eine nach unten links gerichtete Augenstellung als ein Prozess des inneren Dialogs verstehen. Kinästhetische Prozesse während des Denkens drücken sich durch eine nach unten rechts gerichtete Stellung der Augen aus mit der Besonderheit, dass bei olfaktorischen und gustatorischen Zugängen zusätzlich Bewegungen der Nasenflügel oder Lippen auftreten.

Verbale Indiktoren
- **Sprachmuster: Prädikate**

  Ein bevorzugter Ansatz bei NLP-Analysen von Denkprozessen oder -fähigkeiten ist die Herausarbeitung spezifischer Sprachmuster oder der Verwendung bestimmter Prädikate, die einem Repräsentationssystem zugeordnet werden können.

  Unter Prädikaten versteht NLP Verben, Adverbien oder Adjektive, die der Beschreibung von Prozessen und nicht der Beschreibung von Dingen dienen. Die Wahl solcher Sprachmuster geschieht unbewusst und lässt damit Rückschlüsse auf die ihr zu Grunde liegenden unbewussten Strukturen und Prozesse zu.

Beispiele von Prädikaten:

visuell	auditiv	kinästhetisch
abzielen	antworten	bewegt
angaffen	erklären	dick
aufpassen	erwidern	drehen
einsehen	erzählen	erleiden
sehen	laut	fest
sich vorstellen	rufen	fühlen
vernebelt	summen	rau
zeigen	zuhören	tragen

(nach KLUCZNY 1994, S. 22-26)

Je intensiver eine Person nachdenkt, desto stärker ist sie persönlich und damit neurologisch involviert und desto deutlicher werden diese inneren Prozesse sichtbar sein.

1.4 Die logischen Ebenen

NLP befasst sich mit dem Nervensystem und der Sprache und wie anhand ihres Gebrauchs ein individuelles Modell der Welt geschaffen wird, welches wiederum der Orientierung in der Welt dient. Unsere Ergebnisorientierung, Evidenzstrategien und Flexibilität treten in Wahrnehmung, Sprache, Verhalten und Denken auf unterschiedlichen „logischen Ebenen" in Erscheinung. Robert DILTS entwickelte Unterscheidungskriterien für Kontext, Verhalten, Fähigkeiten, Glaubenssysteme, Identität und Spiritualität.

Wie wir uns anpassen oder verändern

Unsere Umwelt gibt jene spezifischen externen Voraussetzungen und Rahmenbedingungen vor, vor deren Hintergrund wir unser Verhalten hinsichtlich Reaktion oder Aktion ausrichten. Bestimmte Fähigkeiten in Form von Planung oder Strategie versetzen uns in die Lage, mit Hilfe unserer Verhaltensweisen auszuwählen, zu verändern oder uns an unsere Umwelt anzupassen.
Persönliche Überzeugungen, Ansichten und Glaubenssysteme verstärken oder behindern, verallgemeinern

oder erweitern den Einsatz dieser Fähigkeiten, indem sie wie starke Wahrnehmungsfilter unserem Denken und Handeln eine Richtung geben. Spiritualität wird verstanden als Beziehungsgefüge, das über unsere Individualität hinausweist und die Bedeutsamkeit und Eingebundenheit in soziale Beziehungen (Familie, Betrieb, Stadtteil, Land) sowie in einen universalen Gesamtzusammenhang herstellt.

(KLUCZNY 1994, S. 43)

In unserer Identität sind Glaubenssysteme und individuelle Werte zu einem „Sinn" herausgebildet, der es uns ermöglicht, einen Lebenszweck und eine Lebensaufgabe zu bestimmen und zu verfolgen.

Die logischen Ebenen des NLP und darauf bezogene spezifische Aussagen:

Kontext	= Reaktion:	„Meine Umgebung"
Verhalten	= Aktion:	„Was ich tue"
Fähigkeiten	= Richtung:	„Meine Zustände, Strategien"
Überzeugungen	= Motivation:	„Meine Werte, Bedeutungen"
Identität	= Lebensaufgabe:	„Wer ich bin"
Spiritualität	= Lebenssinn:	„Alles steht in Beziehung"

1.5 Die „neurologischen" Ebenen

Bei der Verwendung von NLP-Methoden und NLP-Interventionstechniken werden analog zu den logischen Ebenen verschiedene „neurologische" Ebenen als ein Basiskonzept zum tieferen Verständnis der Regelkreise von Nervensystem, Hormonsystem und Immunsystem eingeführt *(DILTS 1985)*.

Umwelt	= peripheres Nervensystem (Empfindungen und Reflexreaktionen)
Verhalten	= motorisches System (pyramidal, Cerebellum)
Fähigkeiten	= autonomes Nervensystem (unbewusste Aktivitäten: Herzschlag, Pupillenreaktion, Schweißbildung)
Identität	= Immunsystem, Hormonsystem (lebenserhaltende Funktionen: Selbst – Nicht-Selbst)

> **Spiritualität** = Nervensystem, Hormonsystem, Immunsystem als Ganzes (holographische, ganzheitliche Funktionen)

1.6 Grundannahmen und Prinzipien

1. Unser Wahrnehmen, Denken, Fühlen und Erleben, unsere Interaktion und Auseinandersetzung mit der Realität stehen in Wechselbeziehung zueinander. Körper und Geist sind Teile dieser Beziehungen und beeinflussen einander. Eine Veränderung einer Komponente des Systems verändert das gesamte System. Im NLP wird nicht allein auf die bewussten und kognitiven Prozesse einer Person Bezug genommen, sondern auch den unbewussten Fähigkeiten und Ressourcen, den Kräften des Gefühls und den Fähigkeiten der nicht-dominanten Hemisphäre des Gehirns große Bedeutung beigemessen.
2. Das Modell der Welt („Landkarte") ist nicht mit der Realität („Landschaft") gleichzusetzen. Wir erfahren und reagieren auf die Welt vor allem durch unsere Sinnessysteme und schaffen uns dabei eine „neurologische Landkarte", die nicht die Welt selbst darstellt. Daraus ergibt sich, dass es nicht nur die äußere Welt ist, die uns begrenzen kann. Insbesondere nicht wahrgenommene und genutzte Optionen bestätigen das individuelle Modell, das jeder Mensch von der Welt hat.

3. Menschen kommunizieren immer; die Sinneskanäle und neurologischen Prozesse sind permanent in Aktion. Jedes Verhalten ist Kommunikation, das heißt, dass ein Organismus nicht nicht kommunizieren kann. Dieses Verhalten ist ein Ausdruck innerer neuraler Prozesse und bringt Informationen über diese inneren Prozesse zu Tage. NLP geht davon aus, dass jedes Verhalten in irgendeinem Kontext nützlich sein kann. Die Menschen nutzen die besten Verhaltensmöglichkeiten, die ihnen gegenwärtig zur Verfügung stehen in jeder Situation, an jedem Ort, zu jeder Zeit. Verhalten bedeutet jede Art von sinnlicher Repräsentation, ob internal oder external erfahren.
4. NLP ist „Modellieren" von Exzellenz. Unbewusste Strategien hervorragender Künstler oder Wissenschaftler werden analysiert und für andere Menschen sichtbar gemacht. Alles, was ein Mensch gelernt hat, kann auch modelliert werden. Das bedeutet, dass im Prinzip dies andere ebenfalls lernen können. Es geht darum, die Prozesse und Strukturen des Einsatzes der sinnlichen Erfahrung zu erkennen und diese mentalen Strategien, befähigenden Glaubenssysteme und motivierenden Werte an andere Menschen weiterzuvermitteln. Diesem Prozess des „Modellierens" liegt der Gedanke zu Grunde, dass alle Menschen dieselbe Neurologie teilen. Jeder Mensch kann das lernen, was andere bereits gelernt haben, wenn er dieselben neurologischen Prozesse nutzt. Die fünf Kategorien bilden die Grundlage der

persönlichen Strategien mit deren Hilfe die Menschen ihr Verhalten, ihre Fähigkeiten und Überzeugungen hervorbringen und entwickeln.
5. Der Sinn von Kommunikation besteht in erster Linie in der Reaktion, die man erhält. Eine Veränderung der Kommunikation ist notwendig, wenn eine unerwünschte Reaktion eingetreten ist. Das Verhalten meines Gegenübers ist das Feedback meines eigenen Verhaltens. Je genauer man Veränderungen im Kommunikationsprozess wahrnimmt, desto eher hat man die Möglichkeit, adäquat darauf zu reagieren.
6. Die Absicht hinter dem Verhalten eines Menschen ist stets positiv, unabhängig davon, ob daraus Positives oder Negatives resultiert.
7. Die Kommunikationsmethoden und Interventionstechniken des NLP ermöglichen auf vielfältige Art und Weise und auf unterschiedlichen Ebenen eine differenzierte Analyse, Definition und Identifizierung eines gegenwärtigen Zustands („Symptom") und des angestrebten Ziels. Unter Nutzung der vorhandenen persönlichen Ressourcen werden eine Person oder eine Organisation unterstützt, um das erwünschte Ergebnis zu erreichen. Alle Menschen haben Ressourcen, sie müssen nur aktiviert oder zugänglich gemacht werden. Die Problemlösung besteht allein in der Umorganisierung einzelner Komponenten, um diese Ressourcen verfügbar zu machen.
8. Es gibt keine Fehler, sondern lediglich Feedbacks,

denn aus heutiger Sicht können Fehler die Lösung für zukünftige Probleme sein.
9. Wenn eine bestimmte Grundannahme sich nicht mehr als nützlich oder richtig erweist, ist es an der Zeit, eine neue Grundannahme zu überlegen und auszuprobieren.

Neuro-Linguistisches Programmieren ist der Prozess und gleichzeitig das Modell des Prozesses menschlichen Verhaltens und menschlicher Kommunikation. Für NLP ist Verhalten programmiert durch das Verbinden und Sequenzieren der neuralen Repräsentationssysteme Sehen, Hören, Fühlen, Schmecken und Riechen.

- *„Neuro" (griech. „neuron" = Nerv) steht für den fundamentalen Grundsatz, dass alles Verhalten Resultat neurologischer Prozesse ist.*
- *„Linguistik" (lat. „lingua" = Sprache) sagt aus, dass neurale Prozesse in Modellen und Strategien repräsentiert, geordnet und sequenziert sind und über die Sprache und Kommunikationssysteme ausgedrückt werden.*
- *„Programmieren" bezieht sich auf den Prozess der Organisation der Systemkomponenten (Nervensystem und Sprache), um ein bestimmtes Ziel zu erreichen. Eine Fähigkeit oder Verhaltensweise, die jemand entwickelt hat, kann an andere weitervermittelt und von allen Menschen erlernt werden.*

30 MINUTEN

Wie projizieren wir unsere „innere Landkarte" auf aktuelle Sinneseindrücke?

Seite 26

Wissen Sie, wie wir Informationen visuell, auditiv und kinästhetisch verarbeiten?

Seite 30

Können Sie die Augenbewegungsmuster nutzen, um Zugangshinweise zu gewinnen?

Seite 36

2. Die Bedeutung der Wahrnehmung

Alle Menschen machen sich ihr persönliches Modell von der Welt und eben darin liegt die Ursache für viele Schwierigkeiten und Missverständnisse im alltäglichen Miteinander begründet. Jeder handelt aus seiner Sicht heraus auf die richtige Art und Weise. Von entscheidender Bedeutung ist es, die eigene Sicht der Dinge und Ausdrucksweise bewusst wahrzunehmen, um die Sichtweisen und das Sprachverhalten anderer leichter und effektiver erfassen zu können.
Unsere Wortwahl ist verknüpft mit unseren individuellen (Sinnes)Erfahrungen. Dieselben Worte werden aber für Menschen, die ganz andere Erfahrungen gemacht haben, auch eine ganz andere Bedeutung haben.

2.1 Wie funktioniert Wahrnehmung?

Übung: Meine/deine Wahrnehmung
Für diese Partnerübung benötigen Sie ein Bild aus einer Zeitschrift sowie Papier und Buntstifte.

Sie sitzen Rücken an Rücken zu ihrem Partner, der das Bild vorher nicht sehen durfte. Ihr Partner hat die Aufgabe, mit Hilfe ihrer Beschreibung und eigenem Nachfragen das Bild zu zeichnen. Anschließend werden Original und Zeichnung miteinander verglichen. Lassen Sie sich vom Ergebnis überraschen!

Wenn Sie möchten, können Sie die Positionen jetzt tauschen, so dass auch Sie in den Genuss kommen, ein Bild anhand der Beschreibung Ihres Partners zu zeichnen.

Unsere Erfahrungen, Ideen und Gedanken werden auf eine spezifische Art und Weise repräsentiert. Wir haben nicht die reale Welt „in unseren Köpfen", sondern gedankliche Landkarten, Symbole oder Repräsentationen dieser Welt. Diese Repräsentationen spiegeln unsere Erfahrungen, Erlebnisse und Gedanken wider.

Informationen von außen nehmen wir über unsere Sinne auf. Wir sehen, hören und fühlen Ereignisse und Dinge der externen Welt und verarbeiten und speichern diese innerlich ab. Der Mensch besitzt die Fähigkeit, beim Erinnern solche Repräsentationen in Form von Vorstellungen, Tönen, Geruch, Geschmack und Gefühlen wieder zu aktivieren.

Wahrnehmung und Beobachtung sind die Basiselemente jeglicher Kommunikation. Unsere Sinne leiten den Wahrnehmungsvorgang und Kommunikationsablauf ein, steuern diese und bestimmen, wie wir uns verhalten. Üblicherweise bevorzugen wir dabei ein bestimmtes Sinnessystem, das sich auch in einer charakteristischen Wortwahl äußert. Deshalb ist es uns während eines Gesprächs oder in einer Verhandlung möglich zu erkennen, wie unser Gegenüber seine Denkprozesse organisiert:

- *Visuell orientierte Menschen* wenden ihre Aufmerksamkeit hauptsächlich Sichtbarem zu. Wird so jemand gebeten, über einen bestimmten Sachverhalt nachzudenken, wird er mit hoher Wahrscheinlichkeit innere Bilder und Vorstellungen als Gedankenprozess nutzen. Seine Wortwahl wird zu Aussagen führen wie: „Das sieht ja gut aus" oder „Der Vorgang erscheint mir klar". Die Bevorzugung des visuellen Repräsentationssystems bringt eine häufigere Verwendung von Ausdrücken des Sehens mit sich, wie z.B. „Ich sehe, was Sie meinen".
- *Auditiv orientierte Menschen* achten stärker auf Hörbares. Sie bevorzugen verbale Anweisungen und sind während eines Arbeitsvorgangs geräuschempfindlicher als andere. Solche Menschen hören meist gerne Musik und lieben gute Unterhaltung. Als Problemlösungsebenen nutzen sie eher den inneren Dialog: Sie müssen zuerst mit sich selbst gesprochen haben, bevor sie mit anderen reden können. Häufig verwendete Aussagen lauten: „Das klingt gut" oder „Dann machte es ‚klick' und ich hatte die Lösung des Problems".
- *Kinästhetisch orientierte Menschen* lassen sich vorwiegend durch Gefühle leiten und kommunizieren entsprechend. Das lässt sich an Aussagen feststellen wie: „Das fühlt sich gut an" oder „Dafür lege ich meine Hand ins Feuer". Solche Menschen bevorzugen

Worte wie fühlen, begreifen oder handhaben. Sie könnten z. B. sagen: „Ich habe das Gefühl, dass wir auf dem richtigen Weg sind", oder „Ich habe das in den Griff bekommen". Ebenfalls wichtig ist ihnen, wie bequem ein Stuhl, wie fest ein Händedruck oder wie nah bzw. fern körperliche Distanz zu sein hat.

Kommunikationsstörungen entstehen, wenn unterschiedliche Kommunikationsstile aufeinander treffen, ohne dass dies den Gesprächspartnern bewusst ist. Jede Person, mit der Sie zusammenarbeiten, zeigt meistens eine Präferenz für einen speziellen Sinneskanal: den visuellen, den auditiven oder den kinästhetischen. Ein guter Kommunikator erkennt bereits an der Wortwahl, welche Wahrnehmungspräferenz vorliegt, und übernimmt dann diese Sprache, um seine eigenen Inhalte durch diesen spezifischen Kanal zu übermitteln. Das ist eine wichtige Voraussetzung erfolgreicher Kommunikation.

Die Nutzung scheinbar minimal unterschiedlicher Wahrnehmungs- und Sprachmuster wird zu präziser und effektiver Kommunikation, wenn Sie in der Lage sind, Ihren eigenen Kommunikationsstil zu erkennen sowie wahrzunehmen, welches der favorisierte Wahrnehmungs- und Kommunikationsmodus Ihres Gesprächspartners ist. So können Sie ihre Vorschläge, Anweisungen und Arbeitsinstruktionen in dem Kanal übermitteln, in dem Ihr Gegenüber bevorzugt denkt und handelt.

2.2 Bevorzugte Repräsentationssysteme

Bewusstes Wahrnehmen ist trainierbar
In der vorangegangenen Übung haben wir gesehen, dass Menschen zwar dieselbe Sprache sprechen, sich möglicherweise aber trotzdem nicht richtig verstehen. Genaue Wahrnehmung lässt sich jedoch trainieren, indem das Verhalten anderer bewusst wahrgenommen und in sinnlich-konkreter Sprache beschrieben wird. Wir können zwar sehen, hören, fühlen, berühren, riechen und schmecken, unserem Bewusstsein ist es jedoch nicht möglich, alle Reize aus unserer Umwelt aufzunehmen.

Beschränkungen unserer Sinneswahrnehmung
Wir beschränken uns meistens unbewusst auf ein oder zwei Wahrnehmungsebenen, um Informationen aus der Umwelt aufnehmen. Dabei benutzen wir nicht alle Wahrnehmungsebenen gleich häufig, sondern bevorzugen ein bestimmtes Sinnessystem. Wir tendieren zum Beispiel dazu, entweder deutlicher zu sehen, zu hören, zu fühlen oder zu berühren, was in der Welt um uns herum passiert. Riechen und Schmecken werden dagegen seltener als primäre Wahrnehmungsebenen genutzt.
Im NLP sind diese verschiedenen Möglichkeiten, wie wir Informationen aufnehmen, abspeichern und in unserem Gehirn verarbeiten, als Repräsentationssysteme bekannt. Dabei werden folgende Fachbegriffe verwendet:

Sehen	visuell	V
Hören	auditiv	A
Fühlen/Berühren	kinästhetisch	K
Riechen	olfaktorisch	O
Schmecken	gustatorisch	G

Das visuelle, auditive oder kinästhetische Sinnessystem wird in westlichen Kulturen bevorzugt zur Repräsentation von Wahrnehmung und Erfahrung verwendet, während Geschmack und Geruch eine untergeordnete Rolle spielen.

2.3 Die Wahrnehmungsfähigkeit erweitern

Durch genaues Beobachten lässt sich leicht herausfinden, welches Repräsentationssystem unser Kommunikationspartner bevorzugt. Wir beschreiben unsere Erfahrungen meistens so, wie wir sie wahrgenommen haben. Die Wörter, mit denen wir uns ausdrücken, veranschaulichen sehr deutlich, welche Sinne beim Erleben benutzt werden. Die verwendeten Prädikate werden zu wirksamen Kriterien, wenn sie den visuellen, auditiven und kinästhetischen Sinnesmodalitäten (Repräsentationssystemen) zugeordnet werden können. Prädikate können zur Förderung der Kommunikation ebenso wie zu ihrer Unterbrechung dienen. Einige Menschen benutzen zur Beschreibung komplexer Situationen in erster Linie visuelle Prädikate wie sehen, sich vorstellen, klar, beobachten usw., andere betonen besonders auditive Prädikate wie hören, sprechen, laut rufen. Wieder andere bevorzugen kinästhetische Prädikate wie berühren, empfinden, stark usw. Der eine berichtet beispielsweise bei der Beschreibung seines Urlaubs von den bunten Farben des Himmels, der andere vom Geräusch der Meeresbrandung ...

Visuell	**Auditiv**
hell	abstimmen
sehen	Akzent
verschwommen	ankündigen
visualisieren	hören
zielen	lärmend

Visuell geprägte Formulierungen:
- Da sehe ich keine Chance.
- Das sieht gut aus.
- Das ist doch sonnenklar.
- Licht in eine Angelegenheit bringen.
- Wir haben die gleiche Perspektive.

Auditiv geprägte Formulierungen:
- Auf der gleichen Wellenlänge liegen.
- Das hört sich gut an/Das klingt gut.
- Den richtigen Ton anschlagen.

Kinästhetisch	**Olfaktorisch/Gustatorisch**
glatt	bitter
rau	Geschmack
vergleichen	riechen
warm	schmecken
zusammenkommen	würzig

2.3 Die Wahrnehmungsfähigkeit erweitern

Kinästhetisch geprägte Formulierungen:
- Das fühlt sich gut an.
- Das liegt auf der Hand.
- Das Problem in den Griff bekommen.

Olfakt./gustatorisch geprägte Formulierungen:
- Das riecht gut.
- Eine bittere Pille.
- Mir stinkt's.

Prädikate, die keinen spezifischen Sinneskanal betreffen, werden unspezifisch genannt. Unspezifische Prädikate können während eines Gesprächs durch Formulierungen wie: „Wie meinen Sie das genau?", „Was genau bedeutet das?" hinterfragt werden. Darauf erfolgt eine verbale (Antwort) oder nonverbale (Augenbewegungen u. ä.) Reaktion, durch die das Repräsentationssystem erkannt werden kann.

Unspezifische Prädikate

haben	einschließen	demonstrieren
machen	erwarten	lernen
sein	glauben	nett
tun	voraussetzen	wissen

Übung: Wahrnehmungsebenen erkennen

Bei der folgenden Übung können Sie mit einem Partner trainieren, verschiedene Wahrnehmungsebenen zu erkennen. Entscheiden Sie sich jeweils gemeinsam für eine von drei Wahrnehmungsebenen (V = visuell, A = auditiv, K = kinästhetisch):

- Das Bild hat sich unauslöschlich eingeprägt.
- Das bringt Licht in die ganze Angelegenheit.
- Das war ein Schlag unter die Gürtellinie.
- Das wird eine ganz heiße Kiste.
- Die Aussichten sind ganz schön düster.
- Die Dinge müssen von selbst ins Lot kommen.
- Gern würde ich das unter den Teppich kehren.
- Heute geht mir alles auf den Geist.
- Ich bin völlig aus dem Takt.
- Ich fühle mich der Sache nicht gewachsen.
- Ich müsste mal richtig auf Abstand gehen, um zu sehen, was das Richtige für mich ist.
- Ich sehe das aus einem anderen Blickwinkel.
- Mir leuchtet das völlig ein.
- Mir wird eiskalt, wenn ich mir das vorstelle.
- Mir wird schwindlig, wenn ich daran denke.
- Schauen wir uns die Sache einmal genau an.
- Sie nimmt mich immer noch sehr in Anspruch.
- So sehe ich mich nicht in der Lage zu helfen.
- Es lastet nicht mehr auf meiner Seele.
- Vielleicht sollten wir das mal aus einer anderen Perspektive betrachten.
- Wir stimmen in vielen Dingen nicht überein.

(modifiziert nach MOHL 1993 S. 42)

Aus den verwendeten Verben, Adverbien und Adjektiven – bei NLP Prädikate genannt – lässt sich die bevorzugte Wahrnehmungsebene heraushören.

2.4 Den eigenen Wahrnehmungstyp erkennen

Nachdem Sie nun erfolgreich geübt haben, Wahrnehmungsebenen von anderen zu unterscheiden, ist es an der Zeit herauszufinden, zu welchem Wahrnehmungstyp Sie selbst gehören.

Übung: Den eigenen Wahrnehmungstyp erkennen

Denken Sie an das Zähneputzen von heute morgen! Woran erinnern Sie sich spontan?
- Sehen Sie ein Bild, wie Sie im Bad stehen? Oder Ihr eigenes Bild im Spiegel?
- Hören Sie die Geräusche des Zähneputzens oder des fließenden Wassers?
- Fühlen Sie die Zahnbürste im Mund oder in Ihrer Hand oder Ihre Hand am Waschbecken?
- Kommt Ihnen eher der Geruch oder der Geschmack der Zahnpasta in den Sinn?

(MOHL 1993)

Kommen Ihnen mehrere Erinnerungen auf verschiedenen Ebenen, haben Sie Ihre Wahrnehmung bereits verfeinert. Je besser es Ihnen gelingt, die eigene Wahrnehmungsfähigkeit zu erweitern, desto flexibler können Sie auf veränderte Situationen reagieren und desto leichter wird es Ihnen gelingen, sich auf andere Menschen einzustellen. Führungskräfte und Berater, die im Wesentlichen auf eine Wahrnehmungsebene fixiert sind, lassen ein großes Potenzial ungenutzt.

Mit der folgenden Übung können Sie Ihre eigene Wahrnehmung sukzessive erweitern, indem Sie sich Zugang zu weiten Teilen Ihres bisher ungenutzten Potenzials verschaffen.

Übung: Die eigene Wahrnehmungsfähigkeit erweitern

Visuell: Konzentrieren Sie sich von Zeit zu Zeit auf die sichtbaren Gegenstände um Sie herum. Betrachten Sie Form, Farbe, Qualität, Struktur und andere Einzelheiten. Schließen Sie dann die Augen und lassen Sie das, was Sie gesehen haben, in Ihrer Vorstellung noch einmal als inneres Bild entstehen. Wiederholen Sie diesen Vorgang so oft, bis Ihnen die deutliche innere Abbildung realer Gegenstände gelingt. Wenn es Ihnen wichtig ist, Wirklichkeit und innere Vorstellung klar zu trennen, können Sie in Ihrer Vorstellung die Bilder auf einem imaginären Bildschirm oder einer Kinoleinwand abbilden.

Auditiv: Konzentrieren Sie sich in regelmäßigen Abständen auf alles, was um Sie herum zu hören ist, seien es gesprochene Worte, Geräusche oder Klänge. Achten Sie genau auf Lautstärke, Tonlage, Melodie, Rhythmus und andere Einzelheiten. Danach lassen Sie das Gehörte nochmals vor Ihrem inneren geistigen Ohr entstehen. Wiederholen Sie diesen Vorgang so oft, bis Ihnen eine deutliche innere Wiedergabe gelingt.

Kinästhetisch: Berühren Sie verschiedene Gegenstände. Achten Sie dabei darauf, wie der Gegenstand sich anfühlt, wie seine Oberfläche beschaffen ist, welche Temperatur er hat usw. Versuchen Sie sich anschließend vorzustellen, wie sich der Gegenstand angefühlt hat.

Olfaktorisch/gustatorisch: Nehmen Sie gelegentlich bewusst den Geruch oder Geschmack aromatischer Dinge wahr und versuchen Sie später, sich diese sinnliche Erfahrung in Erinnerung zu rufen.

Je mehr Wahrnehmungskanäle Sie nutzen können, desto schneller können Sie Veränderungen erkennen und sich darauf einstellen.

2.5 Augenbewegungen

Ob eine Person in Bildern, Klängen oder Gefühlen denkt, kann man auch an ihren Augen ablesen. Beim Nachdenken bewegt man die Augen in verschiedene Richtungen. Diese Augenbewegungen zeigen, wie Informationen verarbeitet, abgespeichert und wieder aufgerufen werden. Die Augen werden systematisch in verschiedene Bereiche des Gesichtsfeldes bewegt, je nachdem, ob man innerlich mit Bildern, Geräuschen oder Gefühlen beschäftigt ist.

Übung: Augenbewegungsmuster bestimmen
Die folgenden Fragen sollen Ihren Partner dazu veranlassen, spezifische Augenbewegungen zu aktivieren.

Stellen Sie ihm einige der unten aufgeführten Fragen und achten Sie darauf, in welche Richtung er seine Augen bewegt. Anschließend tauschen Sie die Rollen.
- Hören Sie sich selbst einem Freund die Zutaten zu Ihrem Lieblingsrezept angeben.
- Stellen Sie sich Ihr Lieblingslied in doppelter Geschwindigkeit vor.
- Wann haben Sie den Bundespräsidenten zuletzt im Fernsehen gesehen?
- Was sagen Sie zu sich selbst, wenn etwas schief läuft?
- Welche Art Musik mögen Sie am liebsten?
- Wie fühlt es sich an, wenn Sie Ihren Fuß in kaltes Wasser tauchen?
- Wie fühlt sich ein Pelzmantel an?
- Wie hoch ist das Haus, in dem Sie wohnen?
- Wie hört sich das Besetztzeichen an?
- Wie lautet Ihr Vorname rückwärts?
- Wie sehen Sie aus, wenn Sie Ski fahren?
- Wie wäre es, wenn Ihr Chef plötzlich mit der Stimme von Micky Maus zu Ihnen spräche?

Für Rechtshänder gilt für gewöhnlich, dass sich bei Erinnerungen die Augen nach oben links bewegen, während sie sich nach oben rechts bewegen, wenn sie ein Bild aus Worten konstruieren oder sich etwas vorzustellen versuchen, was sie noch nie gesehen haben. Für erinnerte Klänge oder Geräusche bewegen sich die Augen waagerecht nach links, für konstruierte Geräusche waagerecht nach rechts.

Bewegen sich unsere Augen nach unten rechts, stellen wir uns Gefühle vor, während die Augenbewegung nach unten links meist einen inneren Dialog anzeigt. Schaut eine Person während des Sprechens immer geradeaus ins Leere oder in die Ferne, zeigt dies ebenfalls Visualisierung an. Bei Linkshändern sind die Augenbewegungen häufig, aber nicht immer seitenverkehrt.

Die Augen bewegen sich nach:

- *oben rechts: visuell konstruiert (vk)*
  Die Person konstruiert Bilder von Situationen oder Dingen, die noch nicht geschehen sind.

- *oben links: visuell erinnert (ve)*
  Die Person sieht innere Bilder von Situationen oder Dingen, an die sie sich erinnert, ein Erlebnis etc., das bereits geschehen ist.

- *horizontal rechts: auditiv konstruiert (ak)*
  Die Person konstruiert Geräusche, Stimmen, Klänge.

- *horizontal links: auditiv erinnert (ae)*
  Die Person erinnert sich an etwas, was sie bereits gehört hat.

- *unten rechts: kinästhetisch (k)*
  Die Person fühlt ein Gefühl, eine Emotion oder eine physische Sensation. Bewegung der Nase: Geruch; Bewegung der Lippen, Schlucken: Geschmack.

- *unten links: auditiv internal digital (aiD)*
  Die Person spricht zu sich selbst (internaler Dialog) oder hört Stimmen, die diskutieren, was sie tun soll (z. B. „Ich weiß, ich sollte dies tun, aber ich kann nicht").

- *Mitte fokussiert: visuell erinnert (ve)*
  Die Person sieht innere Bilder von Situationen oder Dingen, an die sie sich erinnert, ein Erlebnis etc., das bereits geschehen ist. Tranceerfahrung.

„Ein Blick sagt mehr als tausend Worte". Dieses Sprichwort stimmt wirklich, denn ...
- **Augenbewegungsmuster geben Hinweise auf unbewusste internale Prozesse.**
- **An den Augen erkennen wir schnell die Entscheidungsstrategie unseres Gegenübers.**
- **Unsere Reaktion kann adäquat erfolgen.**

30 MINUTEN

Können Sie Ihre Wahrnehmung gezielt auf Ihr Gegenüber einstellen?

Seite 41

Gelingt Ihnen die verbale und nonverbale Verbesserung Ihrer Kommunikation?

Seite 46

Wie beenden Sie ein Gespräch elegant?

Seite 48

3. Die Welt des anderen entdecken

Alle Menschen, ob sie im Gesundheitswesen, in der Erziehung und Ausbildung, als Führungskraft in einem Unternehmen, als Künstler oder Wissenschaftler tätig sind, müssen sich mit anderen auseinandersetzen und effektiv kommunizieren. Eine wichtige Voraussetzung jeder Kommunikation ist der Aufbau einer Atmosphäre des Vertrauens und des gegenseitigen Respekts zwischen den beteiligten Personen, im NLP „Rapport" genannt. Rapport ist meist dann etabliert, wenn zwei oder mehrere Personen eine gemeinsame Basis gefunden haben.

3.1 Der Wert gezielter Wahrnehmung

Kommunikationswissenschaftler wie Paul WATZLAWIK und Gregory BATESON fanden heraus, dass Kommunikation weit mehr als nur aus Worten und ihren Inhalten besteht. Kommunikation besteht ebenso aus „paralinguistischen Phänomenen" (WATZLAWIK, 1969) wie Tonfall, Sprechtempo, Pausengestaltung, Körperhaltung, Gestik und Mimik, die Hinweise darauf geben, wie die kommunizierte Information zu verstehen ist.

Beschränken wir uns darauf, lediglich über den Inhalt einer Unterhaltung mit der anderen Person in Rapport zu gelangen, geht uns die Mehrzahl der (nonverbal) kommunizierten Hinweise verloren. Worte und deren Inhalte sprechen die bewussten Ebenen einer Person an, Physiologie und Körpersprache eher die unbewussten Bereiche.

Mehr als die Hälfte menschlicher Kommunikation besteht aus Körpersprache und weniger als 10% werden über die Worte und deren Inhalt transportiert.

3.2 Kalibrieren

Kalibrieren heißt eichen oder einstellen. Bei NLP bedeutet Kalibrieren, an verbalen und nonverbalen Hinweisen zu erkennen, in welchem Zustand sich unser Gegenüber befindet und wie sich Veränderungen im Denken und Erleben andeuten.

Übung: Kalibrieren (visuell)

Versuchen Sie zu erkennen, wie eine bestimmte Person ihre Wahrnehmung organisiert. Beobachtungskriterien sind Mimik, Gestik, Körperhaltung, Augenbewegungen, Gesichtsfarbe und Atem.

- *1. Frage* – sympathische Person (+): „Denken Sie an eine Person, die Sie mögen, und geben Sie ein Zeichen, wenn Sie sich diese genau vorstellen können."
- *2. Frage* – unsympathische Person (-): „Denken Sie jetzt an eine Person, die Sie nicht so gern mögen, und geben Sie ein Zeichen, wenn Sie sich diese genau vorstellen können".

Notieren Sie Ihre Beobachtungen im folgenden Bogen in der Blankospalte mit einem •.

Ebenso, wie wir unsere visuelle Wahrnehmungsfähigkeit trainieren können, lässt sich auch unsere auditive Wahrnehmungsfähigkeit verbessern. Dabei steht die innere/emotionale Einstellung, die der Sprecher dem Inhalt der Mitteilung gegenüber hat, im Vordergrund und nicht ihr Inhalt selbst.

Übung: Kalibrieren (auditiv)

Versuchen Sie zu erkennen, wie eine bestimmte Person ihre Wahrnehmung organisiert. Beobachtungskriterien sind Stimmhöhe, Lautstärke, Artikulation, Klangfarbe, Rhythmus und Sprechtempo.

- *1. Frage* – sympathische Person (+): „Denken Sie an eine Person, die Sie mögen, und geben Sie ein Zeichen, wenn Sie sich diese genau vorstellen können."
- *2. Frage* – unsympathische Person (-): „Denken Sie jetzt an eine Person, die Sie nicht so gern mögen, und geben Sie ein Zeichen, wenn Sie sich diese genau vorstellen können".

Verwenden Sie den Fragebogen auf S. 44.

Beobachtungsbogen

Namen	Person 1		Person 2	
Fragen	+	−	+	−
1. Welche Person ist größer?				
2. Welche Person ist älter?				
3. Welche Person fährt das teurere Auto?				
4. Welche Person hat dunkleres Haar?				
5. Welche Person wohnt näher bei Ihnen?				
6. Welche Person kocht besser?				
7. Welche Person ist temperamentvoller?				
8. Welche Person fährt schneller?				
9. Welche Person ist wohlhabender?				
10. Welche Person ist sensibler?				
11. Welche Person sieht besser aus?				
12. Welche Person ist schlanker?				
13. Welche Person ist intelligenter?				
14. Welche Person wirkt heiterer?				
15. Welche Person haben Sie zuletzt gesehen?				
16. Welche Person wirkt natürlicher?				

Legende:
+ = Person, die Proband mag
− = Person, die Proband nicht mag

☐ = meine Beobachtung (•)
■ = richtige Antwort (✔); falsche Antwort = ✘

3. Die Welt des anderen entdecken

Häufig ist unsere Kalibrierung so grob, dass wir erst dann erkennen, dass es jemandem schlecht geht, wenn er zu weinen anfängt. Wir konzentrieren uns viel zu sehr auf die verbalen anstatt auf die nonverbalen Äußerungen anderer.

3.3 Rapport

Der aus dem Französischen stammende Begriff Rapport beschreibt beim NLP den unmittelbaren Kontakt zwischen zwei oder mehr Personen. Rapport ist eine wichtige Voraussetzung für die Entwicklung einer guten Kommunikation. Wenn Personen in Rapport sind, scheint die Kommunikation zu fließen. Die Gesprächspartner halten Blickkontakt und gleichen ihre Körperhaltung, Gestik und Sprache einander an („Matching"); sie spiegeln sich gegenseitig.

Menschen, die in Rapport sind, tendieren dazu, sich in Körperhaltung und Sprache aufeinander abzustimmen.

3.4 Pacing

Pace heißt Gangart oder Schritt. Im NLP bedeutet Pacing, sich auf die Gangart von anderen Menschen einzustellen und mit ihnen im Gleichschritt zu gehen. Im

Deutschen wird Pacing sehr unterschiedlich verstanden und interpretiert: einen guten Kontakt herstellen, eine Brücke zu einer anderen Person bauen, sich in die Welt des anderen einfühlen ...

Generell kann man sagen, dass Rapport den übergeordneten Begriff für den Vorgang der Kontaktaufnahme und -pflege bedeutet, während Pacing das aktive Tun beinhaltet, das heißt das Eingehen auf andere Personen und Arbeitskollegen, wie z. B. Vorgesetzte, Mitarbeiter, Kunden oder Klienten.

3.5 Leading

Leading heißt, die Führungsrolle zu übernehmen. Führen bedeutet, andere bei dem, was ich tue oder vorhabe, mitzunehmen.
Durch Pacing ist es möglich, Zugang zum Erleben eines anderen zu finden. Durch Leading kann ich ihm helfen, dieses Erleben zu verändern. Funktionierendes Pacing stellt also die Voraussetzung für Veränderungsprozesse dar. Einen durch die Körperhaltung gespiegelten Zustand von Trauer kann ich bei meinem Gesprächspartner beispielsweise dadurch abmildern, dass ich mich selbst aufrichte.
Der Prozess des Angleichens und Führens setzt eine gute Wahrnehmung und hohe Sensibilität für die sub-

tilen verbalen und nonverbalen Aktivitäten Ihres Gesprächspartners voraus.

- *Angleichen der Stimme:* Das ungefähre Angleichen an die Stimme des Gesprächspartners beschleunigt die Entwicklung von Rapport. Wenn Sie sich auf die Sprache Ihres Gegenübers, besonders auf den Rhythmus einstellen, wird er sich in Ihrer Gegenwart wohlfühlen.
- *Angleichen des Atemmusters:* Bei ähnlicher Atmung entsteht oft wie von selbst das Gefühl einer gemeinsamen Basis. Achten Sie bei Ihrem Gesprächspartner auf die Bewegung der Schultern, die Stimme sowie Sprechpausen.
- *Angleichen der Körperhaltung und Gestik:* Ein Angleichen der Körperhaltung bzw. Gestik kann bedeuten, die Beine auf dieselbe Art und Weise übereinanderzuschlagen, die Arme vergleichbar zu verschränken, den Kopf ähnlich zu halten oder analoge Handbewegungen auszuführen wie der Partner. Dies sollte jedoch sehr feinfühlig geschehen, damit nicht der Eindruck von „Nachäffen" entsteht.

  Es empfiehlt sich, eine Anpassung der eigenen Körperhaltung an die seines Gesprächspartners mit dem Zeitpunkt einer Frage oder dem Beginn eines neuen Satzes zu verbinden.
- *Übernahme der Sprachmuster und Repräsentationssysteme:* Die Sprache unseres Partners offenbart, wie dieser seine sinnliche Wahrnehmung organisiert und seine inneren Denk- und Verarbeitungs-

prozesse strukturiert. Sein bevorzugtes Sinnessystem lässt sich am Augenbewegungsmuster erkennen.
- *Zusammenfassung als Rapportstrategie:* Zusammenfassungen mit den gleichen Worten stellen eine weitere Möglichkeit dar, mit seinem Gesprächspartner in Rapport zu gelangen.

Die Etablierung von Rapport kann durch das Angleichen eigener verbaler und nonverbaler Verhaltensmuster an die des Gesprächspartners erfolgen. Zentrale Voraussetzungen dieser Rapportstrategien sind Interesse und Respekt gegenüber dem Partner.

3.6 Unterbrechen des Rapports

Neben dem Aufbau vertrauensvoller Beziehungen ist ihre elegante Unterbrechung von gleicher Bedeutung. Eine solche Situation stellt sich immer dann ein, wenn ein Gespräch oder eine Beratung abgebrochen werden muss, weil sich die zur Verfügung stehende Zeit dem Ende nähert.

Eine elegante Unterbrechung des Rapports besteht nach einer Zusammenfassung des bis dahin erreichten Ergebnisses in der bewussten Veränderung der Körperhaltung, des Atemrhythmus' oder der Distanz zum Gesprächspartner.

Wenn es gelingt, eine Kommunikationssituation so zu beenden, dass alle am Gespräch Beteiligten mit dem augenblicklichen Resultat zufrieden sind, ist eine hervorragende Voraussetzung geschaffen, bei einem weiteren Gesprächstermin an die bestehende gute Beziehung zu dem Kommunikationspartner anknüpfen zu können.

Beim Unterbrechen eines Rapports ist jedoch mit sehr viel Sensibilität vorzugehen. Eine latente Gefahr besteht bei dieser bewusst ausgeführten Technik darin, dass der vorhin so erfolgreich aufgebaute Rapport zerstört werden könnte. Weder die Gesprächsführung noch die Körpersprache darf einstudiert wirken. Die Art des Beendens einer Unterhaltung muss beim Partner die Hoffnung auf eine positive Fortführung der Unterredung erzeugen.

Die Abschlussphase eines Gesprächs bietet die Möglichkeit, evtl. noch ausstehende Punkte, Einwände oder Befürchtungen zu thematisieren.

Der Aufbau einer erfolgreichen Kommunikation besteht gemäß NLP aus folgenden Komponenten:
- *Kalibrieren, d.h., den Gesprächszustand des Partners erkennen und sich darauf einstellen.*
- *Eine vertrauensvolle Beziehung und Harmonie (Rapport und Pacing) herstellen.*
- *Durch Führen (Leading) den anderen auf notwendige Veränderungsprozesse einstellen.*

30 MINUTEN

Erkennen Sie die Beschränkungen, die die Sprache unseren Erfahrungen auferlegt?
Seite 51

Was versteht man unter Tilgung?
Seite 52

Verstehen Sie immer, was andere meinen, und benutzen Sie linguistische Klärungen?
Seite 53

4. Die Macht der Sprache

Wir machen Erfahrungen, indem wir mit Hilfe unserer Sinnesorgane Eindrücke aus der Außenwelt aufnehmen und speichern. Die auf diese Weise gemachten Erfahrungen sind genau, vollständig und unverzerrt. Linguisten bezeichnen solche Erfahrungen als Tiefenstruktur. Sie ist die vollständige sprachliche Repräsentation einer Erfahrung.
Wenn wir unsere Sinneseindrücke sprachlich darstellen, kann man Umformungen dieser Tiefenstruktur feststellen. Linguisten nennen solche Umformungen Oberflächenstrukturen. Es handelt sich um die Worte, die wir wählen, um unsere Erfahrungen mitzuteilen.

4.1 Verbindung von Sprache und Erfahrung

Da gesprochene Worte bei jedem Menschen mit unterschiedlichen Erfahrungen verknüpft sind, gestaltet sich das gegenseitige Verstehen mitunter schwierig. Teilen wir anderen etwas mit, können wir davon ausgehen, dass wir es in der Oberflächenstruktur darstellen, d. h., dass unsere Mitteilungen so genannte Tilgungen, Generalisierungen und Verzerrungen enthalten.

Tilgung
Unter Tilgung versteht man im NLP den Prozess, „durch den wir unsere Aufmerksamkeit bestimmten Dimensionen unserer Erfahrung zuwenden und andere ausschließen" (BANDLER & GRINDER, 1981, S. 36). Dieser Gestaltungsprozess verhilft uns dazu, dass wir uns konzentriert und fokussiert einer Sache zuwenden können.

Generalisierung
Generalisierung wird als ein Prozess verstanden, „durch den Elemente oder Teile eines persönlichen Modells von der ursprünglichen Erfahrung losgelöst werden, um dann die gesamte Kategorie, von der diese Erfahrung ein Beispiel darstellt, zu verkörpern. Unsere Fähigkeit zu generalisieren ist wesentlich, um mit der Welt fertig werden zu können" (BANDLER & GRINDER, 1981, S. 35).

Verzerrung
Verzerrung ist derjenige Prozess, der es uns ermöglicht, in unserer Erfahrung sensorischer Einzelheiten eine Umgestaltung vorzunehmen. Phantasie beispielweise ermöglicht, dass wir uns auf Erfahrungen vorbereiten können, bevor sie erfolgen. Man verzerrt die gegenwärtige Realität, wenn man eine Ansprache übt, die man zu einem späteren Zeitpunkt vortragen will. Ebendieser

Prozess hat all jene künstlerischen Werke ermöglicht, die wir als Menschen hervorgebracht haben.

Unter dem Begriff Tiefenstruktur versteht man die sprachliche Repräsentation einer Erfahrung, während die Oberflächenstruktur als Mitteilungsplattform ein reduziertes Abbild der Tiefenstruktur ist.

4.2 Linguistische Ansätze mit Klärungen

In Konfliktsituationen nutzen viele Gesprächspartner „Fluchtmöglichkeiten", um nicht Farbe bekennen zu müssen. Die folgenden Ansätze sollen helfen, diese Strategien zu durchschauen und ihnen erfolgreich zu begegnen.

Bewertungen
Bewertungen sind eng mit Vergleichen verknüpft (s. u.). Es ist nützlich zu wissen, wer eine Bewertung trifft. Bewertungen werden häufig mit Adverbien wie „offensichtlich" oder „augenscheinlich" gekoppelt. Geklärt werden Bewertungen mit der Frage: „Wer macht diese Bewertung und auf welcher Basis wird sie getroffen?"

Gedanken lesen
Gedanken lesen bedeutet, fehlende Informationen über innere Prozesse eines anderen durch eigene Annah-

men, Interpretationen, Schlussfolgerungen oder Projektionen zu ersetzen. Geklärt wird dies mit dem Gesprächspartner durch die Frage: „Woher genau weißt du ...?"

Komplexe Äquivalenz
Eine Gleichsetzung unterschiedlicher Sachverhalte bezeichnen Linguisten als komplexe Äquivalenz. Geklärt werden solche komplexen Äquivalenzen beispielsweise anhand der Frage: „Wieso bedeutet dies gleichzeitig auch das andere?"

Modaloperatoren der Möglichkeit
Hier geht es um Verhaltensregeln, von denen wir glauben, sie nicht übertreten zu dürfen oder übertreten zu können. Ausdrücke wie „Ich kann nicht" oder „Ich darf nicht" setzen Grenzen, die von unausgesprochenen Regeln bestimmt werden. Ausdrücke wie „nicht können" oder „nicht möglich" zeigen, dass der Sprecher Erfahrungen mit negativen Folgen des eigenen Handelns gemacht hat, die seinen Handlungsspielraum einschränken. Geklärt werden Modaloperatoren der Möglichkeit, indem man nachhakt: „Was würde passieren, wenn Sie es täten?" oder „Was hält Sie davon ab?"

Modaloperatoren der Notwendigkeit
Modaloperatoren der Notwendigkeit beziehen sich auf Worte wie „müssen", „notwendig", „unerlässlich" und „sollte". Sie zeigen an, dass der Benutzer dieser Worte

seiner Meinung nach keine andere Wahl hat. Er hat Erfahrungen gemacht, die seinen Handlungsspielraum einengen, ohne dass er diese Erfahrungen mitteilt. Geklärt werden Modaloperatoren der Notwendigkeit, indem man zum Beispiel fragt: „Was würde passieren, wenn Sie es dennoch tun würden/nicht tun würden?"

Nominalisierungen

Nominalisierungen sind abstrakte Hauptwörter, die im Gegensatz zu gegenständlichen Hauptwörtern aus Tätigkeitswörtern gebildet wurden. Ein Verb beinhaltet eine Handlung oder einen fortlaufenden Vorgang, der verloren geht, wenn das Verb nominalisiert und in ein statisches Substantiv verwandelt wird. Dadurch werden Tätigkeiten zu festen, abgeschlossenen und der eigenen Kontrolle entzogenen Ereignissen umgeformt. Der Betreffende empfindet sich ohne Handlungsmöglichkeiten, wie in einer Sackgasse festgefahren.

Ein Umformen und Hinterfragen solcher Nominalisierungen soll dem Betreffenden zeigen, dass das Ereignis tatsächlich ein von ihm selbst veränderbarer Prozess ist. Geklärt werden Nominalisierungen, indem man sie in ein Verb verwandelt und nach der fehlenden Information fragt: „Wer oder was tut etwas?", „Wer spricht über was?"

Universelle Quantifizierungen

Verallgemeinerungen werden gemacht, wenn aus einem oder wenigen Beispielen auf eine Vielzahl unterschiedlicher Möglichkeiten geschlossen wird. Sie werden gewöhnlich durch Worte wie „alle", „jeder", „immer", „niemand", „nie" ausgedrückt. Diese Worte lassen keine Ausnahme zu (Universalquantoren). Sie sind beschränkend und führen zu einer sich selbst erfüllenden Prophezeiung. Geklärt werden Generalisierungen, indem man sie entweder übertreibt und so ihre Absurdität herausstellt oder nach einem Gegenbeispiel fragt: „Gab es jemals eine Gelegenheit, als ...?"

Unspezifische Substantive
In einem Satz werden unvollständig spezifizierte Substantive verwendet. Geklärt werden unspezifische Substantive durch Fragen wie „Wer genau?", „Was genau?", „Welche genau?"

Unspezifische Verben
In einem Satz werden Verben verwendet, die nicht eindeutig sind. Geklärt werden sie, indem man beispielsweise nachfragt: „Wie genau?"

Ursache und Wirkung
Aussagen über Ursache und Wirkung zeigen an, dass der Sprecher der Meinung ist, der andere habe ganz bestimmte Gefühle oder Zustände bei ihm bewirkt. Damit schiebt er die Verantwortung einem anderen zu und nimmt sich selbst die Möglichkeit zur Veränderung. Sätze mit „aber" und „weil" implizieren sehr häufig Ursache und Wirkung. Geklärt werden diese, indem man

nachfragt: „Wie genau verursacht das eine das andere?", oder „Was müsste passieren, damit dies nicht durch das andere verursacht wird?"

Vergleiche
In Sätzen, in denen Ausdrücke wie „am besten", „besser", „schlechter", „am schlechtesten" verwendet werden, wird ein Vergleich angestellt. Wir können nur vergleichen, wenn wir etwas haben, womit wir vergleichen. Oft ist die unausgesprochene Hälfte des Vergleichs unrealistisch, wenn wir uns selbst z. B. mit einem Supermann oder einer Superfrau vergleichen. Geklärt werden solche Vergleiche mit der Frage: „Verglichen womit?"

Vorannahmen
Vorannahmen sind Glaubenssätze, Einstellungen und Erwartungen auf Grund unserer persönlichen Erfahrung. Häufig sind Vorannahmen als Warum-Fragen getarnt, enthalten Worte wie „weil" und „wenn". Geklärt werden Vorannahmen, indem man fragt: „Was lässt dich annehmen, dass ...?"

30 Die Klärungen im Überblick „Meta-Modell-Muster"

- *Tilgungen*
  Bewertung
  ➤ *Wer sagt ...?*
  Nominalisierung
  ➤ *Wie wird das getan?*
  Unspezifische Substantive
  ➤ *Wer oder was genau ...?*
  Unspezifische Verben
  ➤ *Wie genau passiert das?*
  Vergleich
  ➤ *Verglichen womit?*

- *Generalisierungen*
  Modaloperatoren der Möglichkeit
  ➤ *Was hält Sie davon ab, ...?*
  Modaloperatoren der Notwendigkeit
  ➤ *Was würde passieren, wenn Sie ...?*
  Universelle Quantifizierung
  ➤ *Immer? Nie? Jeder?*

- *Verzerrungen*
  Gedanken lesen
  ➤ *Woher wissen Sie ...?*
  Komplexe Äquivalenz
  ➤ *Inwiefern bedeutet das eine das andere?*
  Ursache und Wirkung

➤ *Wie genau bewirkt das eine das andere?*
Vorannahme
➤ *Was veranlasst Sie zu glauben, dass ...?*

30 MINUTEN

Verstehen Sie die Kriterien der Wohlgeformtheit kunstvoll einzusetzen?

Seite 62

Können Sie Ziele in wohlgeformter Art und Weise formulieren?

Seite 63

Erkennen Sie, wann „störendes Verhalten" sinnvoll sein kann?

Seite 64

5. Genaue Zielbestimmung

Um das zu erreichen, was wir wollen, müssen wir uns zunächst über unsere Ziele klar werden. Zielorientierung ist der beste Weg, um effektiv kommunizieren zu können, seine Kräfte sinnvoll einzusetzen und konzentriert sein Ziel zu verfolgen.

5.1 Ziele konzentriert anstreben

Im Alltag orientieren wir uns häufig an Problemen und unternehmen große Anstrengungen, um Fehler abzustellen und Schwierigkeiten zu beseitigen, vergessen dabei aber völlig unsere Ziele.
Zielorientierung ist gleichzeitig auch Zukunftsorientierung. Jedes erlernte Verhalten ist neurologisch in unserem Nervensystem verankert. Wenn wir uns statt des alten, problematischen Verhaltens ein anderes, sinnvolleres Verhalten angewöhnen möchten, muss dafür in unserem Gehirn eine neue neurologische Struktur angelegt werden. Erzeugt wird eine solche Struktur, indem wir in unserer geistigen Vorstellung ein konkretes Modell des neuen Verhaltens erschaffen. Um Verän-

derungswünsche konsequent realisieren zu können, benötigen wir „wohlgeformte Ziele".

Das NLP bietet für die Zielformulierung eine Reihe von Regeln an, die die Wahrscheinlichkeit der Zielerreichung erhöhen. Ergebnis dieser Art von Zielformulierung ist ein wohlgeformtes Ziel, das in unserem Gehirn eine klare, neue neurologische Struktur besitzt.

5.2 Kriterien wohlgeformter Zielbestimmung

Eigeninitiative: Das Ziel muss von der betreffenden Person selbst initiiert und erreicht werden können. Der Berater muss seinen Klienten fragen, was dieser selbst dazu beitragen kann, damit sein Wunsch in Erfüllung geht. Damit liegt das Ziel im eigenen Einflussbereich.

Hier und Jetzt: Der angestrebte Zustand sollte vom Klienten im Hier und Jetzt vorstellbar sein. Dadurch wird der Unterschied zwischen der Problemphysiologie (Gedanken an das störende Verhalten) und der Zielphysiologie (Gedanken an das neue Verhalten) deutlich.

Keine Vergleiche: Vergleiche („besser als ...") besitzen eine sabotierende Wirkung. Hilfreiche Fragen zur Überwindung von Vergleichen lauten: „Was genau werden Sie spüren, wenn Sie Ihr angestrebtes Ziel erreicht haben?", „Woran werden Sie dies merken?"

Klarer Kontext: Das Zielverhalten sollte genau festgelegt werden. Dazu verhelfen Fragen wie: „Wann und wo werden Sie sich wem gegenüber wie verhalten, wenn Sie Ihr Ziel erreicht haben?"

Ökologie: Bei der Zielbestimmung muss überprüft werden, ob das Ziel überhaupt zur Lebenssituation des Betreffenden passt. Ein erreichtes Ziel kann zu drastischen Veränderungen im Privat- und Berufsleben führen. Geeignete Fragen zur Ökologie von Zielbestimmungen sind beispielsweise: „Wen betrifft dieses Ziel noch?", „Was würde passieren, wenn Sie das Ziel erreichen?"

Positive Formulierung: Die Zielbestimmung sollte positiv formuliert sein und darf keine Verneinungen enthalten. Es ist motivierender und daher einfacher, sich auf etwas „Schönes" zu-, als sich von etwas „Schlechtem" wegzubewegen. Hilfreiche Fragen während der Beratungssituation lauten: „Was möchten Sie statt dessen?", „Was würden Sie lieber haben/tun?"

Ressourcen: Die Zieldefinition sollte so formuliert sein, dass der Gesprächspartner die zur Zielerreichung nötigen Fähigkeiten in sich finden kann: „Welche Fähigkeiten brauche ich, um mein Ziel zu erreichen?"

Sinnesspezifische Konkretheit: Der Zielzustand sollte anhand konkreter Wahrnehmungen (Seite 30) erkennbar sein. Der Gesprächspartner muss angeben können, wie und was er genau wahrnehmen wird, wenn er sein Ziel erreicht hat. Gezielte Fragen helfen dabei, z. B.: „Was werden Sie sehen, hören und fühlen, wenn Sie Ihr Ziel erreicht haben?"

> **30** *Grundvoraussetzung für eine erfolgreiche Zielerreichung ist, dass der Betreffende die Ziele selbst entwickelt und mit Hilfe eigener Ressourcen ansteuert. Die Ziele sollten stets positiv formuliert werden. Mittels V.A.K.O.G. sollte der erwünschte Zielzustand erkannt werden und vorstellbar sein. Vergleiche werden nicht zugelassen.*

5.3 Kurzreframing

Reframing ist ein wichtiger Bestandteil der Veränderungsarbeit mit NLP. Reframing heißt soviel wie „den Dingen einen anderen Rahmen geben", „umdeuten" (s. Kapitel 7). Im Zusammenhang mit der Zielbestimmung werden häufig so genannte Kurzreframings angesetzt, um die Situation einzugrenzen, in der das neue Verhalten einmal eingesetzt werden soll.

Der Klient wird aufgefordert, sich mindestens drei Situationen zu überlegen, in denen er lieber sein altes Verhalten beibehalten würde. Dadurch stellt der Betreffende fest, dass sein altes Verhalten in bestimmten Situationen für ihn sinnvoll und angemessen ist. Mit dieser Umdeutung und Neubestimmung einer Verhaltensweise findet meist auch ein Wechsel im Erleben des Klienten statt, der sich gewöhnlich in einer Versöhnungsphysiologie (entspannter Ausdruck in Mimik und Körperhaltung) zeigt.

Für ein erwünschtes Verhalten wird eine passende Situation eingegrenzt. Die anschließende Umdeutung und Neubestimmung lässt störendes Verhalten in einem anderen Licht erscheinen.

5.4 Als-ob-Technik

Die Als-ob-Technik stellt eine weitere Möglichkeit dar, mit Hilfe bestimmter Formulierungen einen gewünschten Zielzustand zu verdeutlichen. Bei der Verwendung des „Als-ob" wird der menschlichen Phantasie und Imagination eine verändernde Wirkung zugeschrieben. Das Prinzip beruht auf der Annahme, dass wir die Fähigkeit besitzen, uns einen erwünschten Zustand in der Phantasie so vorzustellen, als ob er bereits Wirklichkeit wäre.

Innerhalb der kindlichen Entwicklung steht für die Prozesse der Identifikation, Imitation und Assimilation eine Notwendigkeit zur Verwendung von Als-ob-Aktivitäten.

Wichtige Entwicklungsschritte in der Kindheit werden durch Spielen und Übernahme von Rollen vorangetrieben, in denen die Als-ob-Fähigkeiten genutzt und dadurch geschult werden, um zwischen innerer Phantasie und den Anforderungen durch die äußere Realität zu vermitteln. Bei wirtschaftlichen Prozessen wird diese Fähigkeit unter dem Begriff „Zukunftsplanung" subsummiert. In Theater und Film erfordert die Gestaltung einer Rolle im Rahmen von Rollenspiel und -übernahme die schauspielerische Fähigkeit des Darstellers, sich darauf einzustellen, als ob er die entsprechende Person wäre.

Die Als-ob-Technik wird im NLP immer dann angewendet, wenn innerhalb eines Kommunikationsprozesses der Zugang zu Informationen, Verhalten, Alternativen oder persönlichen Ressourcen versperrt erscheint. Bei Anwendung dieser Technik wird ein veränderter Kontext geschaffen, der neue Möglichkeiten eröffnet, ein erwünschtes Ergebnis zu erzielen.

Diese Technik kann in vielen Bereichen angewendet werden, so zum Beispiel bei der Informationsgewinnung, der Entwicklung von Zielen, bei Problemlösungen und während innerer Verhandlungsprozesse oder wenn sich der Gesprächspartner in einer scheinbar ausweglosen Situation befindet. Die Verwendung dieser Technik ermöglicht die Überwindung festgefahrener Situationen und den Zugang zu vorhandenen Ressourcen.

Zur Etablierung des Als-ob-Rahmens sind folgende Fragen hilfreich:

- Was würde passieren, wenn ...?
- Tun Sie mal so, als ob ...
- Nehmen wir an, dass ...
- Falls X anstatt Y wäre, ...?
- Falls Sie Y wären, statt X ...?
- Könnten Sie handeln, als ob Sie ...?
- Falls es möglich wäre, dass ...

(KLUCZNY 1994)

Strategie und Fragen zur Problemlösung im Umgang mit anderen durch eine wohlgeformte Zieldefinition:
- *Wie fange ich an und wie halte ich durch?*
- *Was will ich wo, wann und wie genau?*
- *Was werde ich sehen, hören, fühlen, riechen, schmecken, wenn dieser Zustand erreicht ist?*
- *Welche Mittel und Fähigkeiten habe ich zur Verfügung, um das Ziel zu erreichen?*
- *Auf welche Weise wird der gewünschte Zustand mein Leben verändern?*
- *Mit welchen Nachteilen muss ich rechnen?*
- *Woher weiß ich, dass sich das Ziel lohnt?*

30 MINUTEN

Bemerken Sie die alltäglichen Anker in Ihrem Leben?

Seite 69

Können Sie sich und andere in den Vollbesitz Ihrer Kräfte bringen und diese abrufen?

Seite 70

Was haben „Moments of Excellence" für eine Bedeutung in Ihrem Leben?

Seite 70

6. Ankern

Emotionale Zustände haben meist einen starken und dauerhaften Einfluss auf unser Denken, Fühlen und Handeln. Anker sind äußere Reize, die bestimmte innerliche Reaktionen hervorrufen: Im Radio hören Sie ein Lied, das Sie im Urlaub oft gehört haben. Automatisch werden in Ihnen Urlaubserinnerungen aktiviert.

6.1 Ankern als menschliche Orientierung

Beispiele für alltägliche Anker:
- Das Bild eines Klassenzimmers, das Erinnerungen an die eigene Schulzeit auslöst (visueller Anker).
- Das Lied im Radio (auditiver Anker).
- Der Geruch von Sonnencreme, der ans Freibad denken lässt (olfaktorischer Anker).
- Der Geschmack von Paella, der schöne Erinnerungen hervorruft (gustatorischer Anker).

- Ein Kleidungsstück, das an den letzten Urlaub erinnert (visuell-kinästhetischer Anker).
- Eine bestimmte Berührung am Arm, die Erinnerungen an eine vergangene Beziehung auslöst (kinästhetischer Anker).

Ankern ist ein wichtiger Bestandteil menschlicher Orientierung – wir können nicht nicht ankern! Innere Landkarten im Kopf eines jeden Menschen werden geschaffen, indem äußere Reize mit inneren Reaktionen neurologisch verknüpft werden.

6.2 Moment of Excellence

Jeder kennt Momente im Leben, in denen einem einfach alles gelingt. Dieser „Moment of Excellence" ist eine ganz besondere Situation, während der man sich im Vollbesitz seiner Kräfte befindet.
In der NLP-Ausbildung wird Ankern zuallererst am Moment of Excellence geübt. Sich diesen Zustand gezielt verfügbar zu machen, kann für viele Alltagssituationen von großem Nutzen sein. Daher ist es sinnvoll, den Moment of Excellence selbst zu ankern und jederzeit abrufen zu können.

Partnerübung: Moment of Excellence
1. Fragen Sie Ihren Partner zunächst, ob Sie ihn berühren dürfen.

2. Testen Sie, ob Ihr Partner an der Stelle, an der Sie ankern wollen (Knie, Arm, Fingerknöchel) möglicherweise schon andere Anker besitzt.
3. Fragen Sie ihn, ob er sich an drei Situationen in seinem Leben erinnern kann, in denen er im Vollbesitz seiner Kräfte und Fähigkeiten war.
4. Fordern Sie Ihren Partner auf, die Situation auszuwählen, die ihm am besten gefallen hat.
5. Bitten Sie ihn nun um Folgendes (im Präsens): „Gehe bitte in deiner Vorstellung in diese Situation hinein und erlebe sie noch einmal mit allen Sinnen. Wie ist deine Körperhaltung? Was siehst du? Welche Geräusche, Klänge, Worte, Töne hörst du und welche Gefühlseindrücke hast du in diesem Augenblick? Kannst du etwas riechen oder schmecken?"
6. Lassen Sie Ihren Partner beim schönsten Augenblick verweilen: „Vergegenwärtige dir noch einmal den entscheidenden Augenblick dieser Situation. Suche dir den schönsten Moment heraus und genieße ihn in vollen Zügen." Während sich Ihr Partner entspannt, setzen Sie den Anker, und zwar kräftig bei deutlicher Entspannungsreaktion, entsprechend schwächer bei weniger deutlich ausgeprägter Reaktion. (Moment of Excellence und Ankern.)
7. Bitten Sie Ihren Partner, jetzt wieder in die Realität zurückzukehren. (Seperator-State; die Reaktion unterbrechen.)
8. Führen Sie zum Abschluss mit Ihrem Partner ein Gespräch über ein neutrales Thema und berühren

Sie dabei unauffällig die geankerte Stelle, die Physiologie des Moment of Excellence muss erscheinen. (Anker testen.)

(MOHL 1993)

Allgemeine Regeln für das Ankern, das über unsere Sinneswahrnehmungen funktioniert, sind:
- *Den Anker grundsätzlich in dem Moment einsetzen, wenn der gewünschte Zustand seinen Höhepunkt erreicht hat.*
- *Den Anker einzigartig und charakteristisch etablieren.*
- *Den Anker mit einem Zustand verknüpfen, der vollständig wieder erlebt werden kann.*

Können Sie die Wirkung von Reframings in schwierigen Situationen nutzen?

Seite 75

Erkennen Sie die positiven Absichten hinter störendem Verhalten anderer?

Seite 76

Verstehen Sie die positive Absicht von Problemverhalten?

Seite 79

Fast Reader

1. NLP – ein wirksames Kommunikationsmodell

NLP befasst sich mit dem Nervensystem und der menschlichen Sprache. Es versucht zu erklären, wie der Mensch sich ein Modell der Welt macht und dieses in Bezug zur Realität setzt. Die drei Komponenten des NLP bilden den Schlüssel zum Verständnis dieser komplexen Prozesse.

NLP beschreibt den Effekt, den die Nutzung der Sinnesmodalitäten, ihrer Orientierung und deren Verknüpfungen hat.

Je intensiver eine Person nachdenkt, desto stärker ist sie persönlich und damit neurologisch involviert und desto deutlicher werden diese inneren Prozesse sichtbar sein.

In unserer Identität sind Glaubenssysteme und individuelle Werte zu einem „Sinn" herausgebildet, der es uns ermöglicht, einen Lebenszweck und eine Lebensaufgabe zu bestimmen und zu verfolgen.

Funktionen der verschiedenen Reframings:
- *Positive Absichten eines Problemverhaltens herausfinden (jedes Verhalten hat einen Sinn).*
- *Unerwünschtes Verhalten aus einem anderen Blickwinkel betrachten und so neu bewerten.*
- *Störende und unangemessene Verhaltensweisen überwinden und von meinem Gegenüber eine positive Veränderung herbeiführen lassen.*

3. Bereitschaft zu neuen Wegen erfragen: „Bist du bereit, auch andere Wege zu gehen, um diese positive Absicht zu erreichen, wenn diese Wege ebenso gut und effektiv sind wie X?"
4. Neue Wege suchen: „Überlege dir bitte drei neue Wege, mit denen du deine positive Absicht ebenso gut erreichen kannst, wie mit X."
5. Mögliche Einwände überprüfen (Ökologiecheck): „Überlege jetzt bitte, ob du irgendwelche Einwände gegen diese neuen Wege hast." Bei „Ja": „Dann verändere diese Wege so lange, bis du keine Einwände mehr verspürst."
6. Verantwortung übernehmen (Future Pace): „In welcher zukünftigen Situation wirst du diese neuen Wege ausprobieren, die du dir eben erarbeitet hast?" Wenn keine zukünftige Situation gefunden wird, nochmals nach Einwänden fragen bzw. erneute Suche nach Wegen. Bei erfolgreichem Ausprobieren in der Zukunft: „Gib dir ein Zeichen der Anerkennung für die geleistete Arbeit und lass dich überraschen, wie du dein neues Verhalten umsetzt".

und was würde passieren, wenn Sie es doch könnten?
6. Was können Sie tun, damit der Betreffende sein Ziel auf andere Weise erreicht und auch Sie dabei zufrieden sind?

(ULSAMER 1991)

7.5 Six-Step-Reframing (nach Mohl 1993)

Mit Hilfe des Six-Step-Reframings können störende Verhaltensweisen verändert werden, indem dafür gesorgt wird, dass die positive Absicht mit einem anderen Verhalten realisiert wird.

Partnerübung: Six-Step-Reframing
1. Problemverhalten genau bestimmen: „Ist es genau X, was dich stört, oder ist X nur ein Teil des Problems?" „Stört X dich immer oder nur manchmal?" „Ist X in bestimmten Situationen vorteilhaft?" „Versuche dir X ganz genau vorzustellen." (V.A.K.O.G.).
2. Positive Funktionen erkennen: „Überlege bitte, welche dir bisher verborgene positive Absicht du mit diesem Verhalten verfolgst." Antwort: „Weiß nicht." „Welche positive Absicht könnte jemand anderes an deinem Verhalten entdecken?" So lange weiterfragen, bis eine akzeptable Absicht gefunden wird.

und sie zu nutzen, als den Fehler ausradieren oder die Störung mit allen Mitteln beseitigen zu wollen.

Die folgende Übung soll Ihnen dabei helfen, die positive Seite eines störenden Verhaltens zu erkennen:

Übung: Umgang mit störendem Verhalten von anderen

1. Notieren Sie stichwortartig das störende Verhalten eines Kollegen, Vorgesetzten, Patienten usw., mit dem Sie Schwierigkeiten haben.
2. Beschreiben Sie das Verhalten dieser Person ganz konkret, aber ohne Wertung. Was hören Sie (Inhalt, Stimme, Lautstärke, Tonfall)? Was können Sie sehen (Gestik, Mimik, Körperhaltung, Bewegungen)?
2. Beschreiben Sie kurz Ihre bisherige Reaktion auf dieses störende Verhalten.
4. Betrachten Sie nun das störende Verhalten unter folgenden Gesichtspunkten:
   - Worin könnten die Gründe für dieses Verhalten liegen?
   - Was möchte die betreffende Person damit bewusst oder unbewusst für sich erreichen?
5. Versuchen Sie jetzt, sich einmal soweit in den anderen hineinzuversetzen, dass Sie sein Verhalten nachvollziehen können.
   - Was ist ihm wichtig und was beeinflusst sein Verhalten?
   - Sollten Sie sich nicht in das Verhalten des anderen hineinversetzen können: Was hindert Sie daran

Bei einem Kontextreframing ohne Inhalt lautet die Antwort: „Dein Verhalten ist absolut sinnvoll. Du denkst im Moment nur zu eingeschränkt um zu erkennen, wo und auf welche Weise dein Verhalten auch sinnvoll sein kann bzw. ist."

Für Kontextreframings gilt ebenso wie für Bedeutungsreframings, dass ihre Wirkung davon abhängig ist, wie genau das angebotene Reframing zum Persönlichkeitssystem des Gesprächspartners passt.

7.4 Reframing in komplexen Situationen

Reframing bietet die Chance, störendes Verhalten von anderen, z. B. von einem Arbeitskollegen, aus einem anderen Blickwinkel heraus zu betrachten. Die meisten Menschen sind bereit sich zu verändern, wenn sie merken, dass ihnen diese Veränderung Vorteile bringt. Fast alle leisten aber offen oder versteckt Widerstand, wenn sie zu einer für sie nicht nachvollziehbaren Veränderung gezwungen werden sollen.

Beim NLP gilt der Grundsatz, dass hinter jedem Verhalten eine positive Absicht steckt, auch wenn das Verhalten auf andere wie ein Fehler wirkt. Diesen Grundsatz sollten Sie sich immer wieder bewusst machen. Es ist leichter, die verborgene gute Absicht herauszufinden

deutung ist ein guter Kontakt mit A (Pacing – Leading). Beispiel: „Wie schön, dann werden Sie ja jedesmal rechtzeitig fertig!"
5. **B** bittet A, seine Klage zu wiederholen, bietet sein Reframing an und beobachtet die nonverbalen Reaktionen bei A.

(MOHL 1993)

Grundsätzlich gilt: (Bedeutungs)Reframing stellt eine Problemlösungsmethode dar. Indem wir eine Situation neu bewerten, erkennen wir häufig sogar Vorteile in unerwünschtem oder störendem Verhalten und können Nutzen daraus ziehen.

7.3 Kontextreframing

Praktisch alle Verhaltensweisen sind unter bestimmten Umständen sinnvoll. Beim Kontextreframing wird eine unerwünschte oder störende Verhaltensweise in einen anderen, passenderen Kontext gestellt. Dadurch wird diese Verhaltensweise plötzlich zu einer nützlichen Fähigkeit oder positiven Eigenschaft. Kontextreframings funktionieren am besten bei Aussagen wie „Ich bin zu ...", oder „Ich wünschte, ich könnte aufhören ...". Hilfreiche Fragen hierbei lauten: „Wo wäre dieses Verhalten nützlich?" oder: „Unter welchen Bedingungen wäre dieses Verhalten ein Ressource?"

wenn ich eine Rede halten muss, fühle ich mich unsicher und verkrampft."
2. Überlegen Sie sich, in welchen Situationen es tatsächlich sinnvoll, richtig oder wichtig ist, diese Einstellung bzw. dieses Verhalten zu zeigen. Lassen Sie Ihrer Kreativität und Phantasie dabei freien Lauf. Um bei unserem Beispiel zu bleiben: „Ist doch toll, da könnte ich bei einem Raubüberfall die Räuber mit meiner Unsicherheit und Panik glatt beeindrucken", oder: „Da bin ich wenigstens vor der Rede hellwach und nehme meine Aufgabe sehr ernst".

Übung: Bedeutungsreframing für zwei Personen

1. **A** bringt eine Klage vor, z. B. in Form von: „Ich fühle mich X, wenn Y passiert". Beispiel: „Ich gerate in Panik, wenn ein Abgabetermin naht."
2. **B** macht sich ein inneres Bild vom Inhalt der Klage.
3. **B** reflektiert über die Klage und fragt sich:
   - In welchen Situationen hätte dieses Verhalten einen positiven Effekt?
   - Welcher andere Aspekt der gleichen Situation könnte einen anderen Bedeutungsrahmen liefern, der der betroffenen Person verborgen ist. („Wie könnte ich dieselbe Situation anders beschreiben?")
4. **B** denkt über verschiedene Formen des Reframings nach und wählt eine Form aus. Von besonderer Be-

wahr. Nach einem Reframing erleben wir das gleiche Verhalten in einem ganz anderen Kontext und bekommen eine völlig veränderte emotionale Haltung dazu. Aus einem „So ein Mist, immer bin ich ..." wird z. B. „Das ist ja toll, dass ich das kann ...".

Es gibt zwei Formen des Reframings: Bedeutungsreframing und Kontextreframing. Das so genannte Six-Step-Reframing ist ein komplexes Interventionsmuster, in dem beide Formen des Reframings eingesetzt werden und mit dessen Hilfe störende Gefühlsreaktionen überwunden werden können.

7.2 Bedeutungsreframing

Beim Bedeutungsreframing werden eine Situation oder ein Sachverhalt aus einer anderen Perspektive gesehen und erhalten auf diese Weise eine neue Bewertung. Aussagen wie: „Ich bekomme Panik, wenn ein Abgabetermin naht", lassen sich erfolgreich mit einem Bedeutungsreframing verwandeln. Generell lässt sich das Bedeutungsreframing für Anlässe verwenden wie „Immer wenn X passiert, reagiere ich mit ...".

Übung: Bedeutungsreframing für eine Person

1. Verpacken Sie eine unerwünschte Einstellung oder Verhaltensweise in eine Formulierung wie „Immer wenn X passiert, reagiere ich mit Y", oder „Ich fühle mich immer X, wenn Y passiert". Beispiel: „Jedesmal,

7. Reframing

Reframing bezeichnet die Fähigkeit, Ereignissen oder Verhaltensweisen einen neuen Rahmen zu geben bzw. sie aus einem anderen Blickwinkel zu betrachten. Ein einfaches Beispiel für Reframing ist der Unterschied zwischen einem Optimisten und einem Pessimisten bei der Betrachtung eines Weinkellers mit zehn Flaschen Wein. Für den Pessimisten sind es nur noch zehn, für den Optimisten immer noch zehn Flaschen Wein. Ein General müsste entsprechend auf die Frage, warum sich seine Truppen zurückziehen, antworten: „Wir blasen nicht zum Rückzug, wir schreiten nach rückwärts voran".

7.1 Entstehung anderer Bedeutungen

Im NLP werden mit Hilfe von Reframingmodellen, die eine Veränderung der Selbstwahrnehmung zum Ziel haben, Problemlösungsprozesse eingeleitet. Normalerweise nehmen wir ein bestimmtes Verhalten in einem bestimmten Kontext mit einer bestimmten Bedeutung

Neuro-Linguistisches Programmieren ist der Prozess und gleichzeitig das Modell des Prozesses menschlichen Verhaltens und menschlicher Kommunikation. Für NLP ist Verhalten programmiert durch das Verbinden und Sequenzieren der neuralen Repräsentationssysteme Sehen, Hören, Fühlen, Schmecken und Riechen.

- *"Neuro" (griech. "neuron" = Nerv) steht für den fundamentalen Grundsatz, dass alles Verhalten Resultat neurologischer Prozesse ist.*
- *"Linguistik" (lat. "lingua" = Sprache) sagt aus, dass neurale Prozesse in Modellen und Strategien repräsentiert, geordnet und sequenziert sind und über die Sprache und Kommunikationssysteme ausgedrückt werden.*
- *"Programmieren" bezieht sich auf den Prozess der Organisation der Systemkomponenten (Nervensystem und Sprache), um ein bestimmtes Ziel zu erreichen. Eine Fähigkeit oder Verhaltensweise, die jemand entwickelt hat, kann an andere weitervermittelt und von allen Menschen erlernt werden.*

2. Die Bedeutung der Wahrnehmung

Die Nutzung scheinbar minimal unterschiedlicher Wahrnehmungs- und Sprachmuster wird zu präzi-

ser und effektiver Kommunikation, wenn Sie in der Lage sind, Ihren eigenen Kommunikationsstil zu erkennen sowie wahrzunehmen, welches der favorisierte Wahrnehmungs- und Kommunikationsmodus Ihres Gesprächspartners ist. So können Sie ihre Vorschläge, Anweisungen und Arbeitsinstruktionen in dem Kanal übermitteln, in dem Ihr Gegenüber bevorzugt denkt und handelt. Das visuelle, auditive oder kinästhetische Sinnessystem wird in westlichen Kulturen bevorzugt zur Repräsentation von Wahrnehmung und Erfahrung verwendet, während Geschmack und Geruch eine untergeordnete Rolle.

Aus den verwendeten Verben, Adverbien und Adjektiven – bei NLP Prädikate genannt – lässt sich die bevorzugte Wahrnehmungsebene heraushören.

Je mehr Wahrnehmungskanäle Sie nutzen können, desto schneller können Sie Veränderungen erkennen und sich darauf einstellen.

„Ein Blick sagt mehr als tausend Worte". Dieses Sprichwort stimmt wirklich, denn ...
- ***Augenbewegungsmuster geben Hinweise auf unbewusste internale Prozesse.***
- ***An den Augen erkennen wir schnell die Entscheidungsstrategie unseres Gegenübers.***
- ***Unsere Reaktion kann adäquat erfolgen.***

3. Die Welt des anderen entdecken

Mehr als die Hälfte menschlicher Kommunikation besteht aus Körpersprache und weniger als 10% wird über die Worte und deren Inhalt transportiert.
Häufig ist unsere Kalibrierung so grob, dass wir erst dann erkennen, dass es jemandem schlecht geht, wenn er zu weinen anfängt. Wir konzentrieren uns viel zu sehr auf die verbalen anstatt auf die nonverbalen Äußerungen anderer.
Menschen, die in Rapport sind, tendieren dazu, sich in Körperhaltung und Sprache aufeinander abzustimmen.
Generell kann man sagen, dass Rapport den übergeordneten Begriff für den Vorgang der Kontaktaufnahme und -pflege bedeutet, während Pacing das aktive Tun beinhaltet, das heißt das Eingehen auf andere Personen und Arbeitskollegen, wie z. B. Vorgesetzte, Mitarbeiter, Kunden oder Klienten.
Die Etablierung von Rapport kann durch das Angleichen eigener verbaler und nonverbaler Verhaltensmuster an die des Gesprächspartners erfolgen. Zentrale Voraussetzungen dieser Rapportstrategien sind Interesse und Respekt gegenüber dem Partner.

30 *Der Aufbau einer erfolgreichen Kommunikation besteht gemäß NLP aus folgenden Komponenten:*
- *Kalibrieren, d.h., den Gesprächszustand des Partners erkennen und sich darauf einstellen.*
- *Eine vertrauensvolle Beziehung und Harmonie (Rapport und Pacing) herstellen.*
- *Durch Führen (Leading) den anderen auf notwendige Veränderungsprozesse einstellen.*

4. Die Macht der Sprache

Unter dem Begriff Tiefenstruktur versteht man die sprachliche Repräsentation einer Erfahrung, während die Oberflächenstruktur als Mitteilungsplattform ein reduziertes Abbild der Tiefenstruktur ist.

30 *Die Klärungen im Überblick „Meta-Modell-Muster"*
- <u>*Tilgungen*</u>
  Bewertung
  ➤ *Wer sagt ...?*
  Nominalisierung
  ➤ *Wie wird das getan?*
  Unspezifische Substantive
  ➤ *Wer oder was genau ...?*
  Unspezifische Verben
  ➤ *Wie genau passiert das?*
  Vergleich
  ➤ *Verglichen womit?*

- *Generalisierungen*
  Modaloperatoren der Möglichkeit
  ➤ *Was hält Sie davon ab, ...?*
  Modaloperatoren der Notwendigkeit
  ➤ *Was würde passieren, wenn Sie ...?*
  Universelle Quantifizierung
  ➤ *Immer? Nie? Jeder?*

- *Verzerrungen*
  Gedanken lesen
  ➤ *Woher wissen Sie ...?*
  Komplexe Äquivalenz
  ➤ *Inwiefern bedeutet das eine das andere?*
  Ursache und Wirkung
  ➤ *Wie genau bewirkt das eine das andere?*
  Vorannahme
  ➤ *Was veranlasst Sie zu glauben, dass ...?*

5. Genaue Zielbestimmung

Das NLP bietet für die Zielformulierung eine Reihe von Regeln an, die die Wahrscheinlichkeit der Zielerreichung erhöhen. Ergebnis dieser Art von Zielformulierung ist ein wohlgeformtes Ziel, das in unserem Gehirn eine klare, neue neurologische Struktur besitzt.

Grundvoraussetzung für eine erfolgreiche Zielerreichung ist, dass der Betreffende die Ziele selbst entwickelt und mit Hilfe eigener Ressourcen ansteuert. Die Ziele sollten stets positiv formuliert werden. Mittels V.A.K.O.G. sollte der erwünschte Zielzustand erkannt werden und vorstellbar sein. Vergleiche werden nicht zugelassen. Für ein erwünschtes Verhalten wird eine passende Situation eingegrenzt. Die anschließende Umdeutung und Neubestimmung lässt störendes Verhalten in einem anderen Licht erscheinen.

Strategie und Fragen zur Problemlösung im Umgang mit anderen durch eine wohlgeformte Zieldefinition:

- *Wie fange ich an und wie halte ich durch?*
- *Was will ich wo, wann und wie genau?*
- *Was werde ich sehen, hören, fühlen, riechen, schmecken, wenn dieser Zustand erreicht ist?*
- *Welche Mittel und Fähigkeiten habe ich zur Verfügung, um das Ziel zu erreichen?*
- *Auf welche Weise wird der gewünschte Zustand mein Leben verändern?*
- *Mit welchen Nachteilen muss ich rechnen?*
- *Woher weiß ich, dass sich das Ziel lohnt?*

6. Ankern

Ankern ist ein wichtiger Bestandteil menschlicher Orientierung – wir können nicht nicht ankern!

Innere Landkarten im Kopf eines jeden Menschen werden geschaffen, indem äußere Reize mit inneren Reaktionen neurologisch verknüpft werden.

Allgemeine Regeln für das Ankern, das über unsere Sinneswahrnehmungen funktioniert, sind:
- **Den Anker grundsätzlich in dem Moment einsetzen, wenn der gewünschte Zustand seinen Höhepunkt erreicht hat.**
- **Den Anker einzigartig und charakteristisch etablieren.**
- **Den Anker mit einem Zustand verknüpfen, der vollständig wieder erlebt werden kann.**

7. Reframing

Grundsätzlich gilt: (Bedeutungs)Reframing stellt eine Problemlösungsmethode dar. Indem wir eine Situation neu bewerten, erkennen wir häufig sogar Vorteile in unerwünschtem oder störendem Verhalten und können Nutzen daraus ziehen.
Für Kontextreframings gilt ebenso wie für Bedeutungsreframings, dass ihre Wirkung davon abhängig ist, wie genau das angebotene Reframing zum Persönlichkeitssystem des Gesprächspartners passt.

30

Funktionen der verschiedenen Reframings:
- *Positive Absichten eines Problemverhaltens herausfinden (jedes Verhalten hat einen Sinn).*
- *Unerwünschtes Verhalten aus einem anderen Blickwinkel betrachten und so neu bewerten.*
- *Störende und unangemessene Verhaltensweisen überwinden und von meinem Gegenüber eine positive Veränderung herbeiführen lassen.*

Literaturhinweise

- ANDREAS, Connirae & Steve: Gewusst wie – Arbeit mit Submodalitäten, Junfermann, 1988

- BANDLER, Richard & GRINDER, John: Reframing. Ein ökologischer Ansatz in der Psychotherapie (NLP), Junfermann, 1985

- BANDLER, Richard: Veränderung des subjektiven Erlebens – Fortgeschrittene Methoden des NLP, Junfermann, 1987

- BATESON, Gregory: Ökologie des Geistes, Suhrkamp, 1981

- CAMERON-BANDLER, Leslie: Wieder zusammenfinden, Junfermann, 1985

- CLEVELAND, Bernard: Erfolgreiche NLP-Unterrichtstechniken, VAK-Verlag, 1992

- DILTS, Robert, BANDLER, Richard & GRINDER, John: Strukturen subjektiver Erfahrung – Ihre Erforschung und Veränderung durch NLP, Junfermann, 1985

- GRINDER, John & BANDLER, Richard: Kommunikation und Veränderung – Struktur der Magie II, Junfermann, 1982

- KLUCZNY, Johann: NLP Practitioner Training, unveröffentlicht, 1994

- MOHL, Alexa: Der Zauberlehrling – Das NLP Lern- und Übungsbuch, Junfermann, 1993

- RÜCKERL, Thomas: NLP in Stichworten – Ein Überblick für Einsteiger und Fortgeschrittene, Junfermann, 1994

- SCHOTT, Barbara: Andere Wege wagen. NLP – Das Psycho-Power-Programm, Rowohlt, 1994

Register

Äquivalenz (komplexe) 54
Als-ob-Technik 65ff.
Ankern 69–73, 90f.
Augenbewegungen 15f., 32, 36–39, 42

Bedeutungsreframing 76ff., 91
Bewertungen 53

Denkprozesse 14ff., 27

Ebenen (logische) 17ff.
Ebenen (neurologische) 19f.

Flexibilität 17

Generalisierung 10, 52, 56, 58, 89
Gestik 15, 42, 45, 47, 80
Grundannahmen 20–23

Identität 17ff., 84

Kalibrieren 42–45, 49, 88

Kontextreframing 76, 78f., 91

Landkarte (neurolog.) 10, 20, 26, 70, 91
Leading 6, 46–49, 78, 88

Mimik 14, 42, 64, 80
Modellieren 6, 11ff., 21
Moment of Excellence 70–73

Nervensystem 10f., 17, 19f., 61, 84
Neurologie 10, 21
Nominalisierungen 55
Nonverbale Indikatoren 14ff.

Orientierung 13, 17, 61, 69f., 84, 90

Pacing 6, 45f., 49, 78, 87f.
Programmieren (Komponente) 10

Quantifizierungen (universelle) 55f.

Rapport 6, 41f., 45–49, 87f.
Reframing
– „in komplexen Situationen" 79ff.
Repräsentationssysteme 6, 12–15, 23, 29f., 47, 85
Ressourcen 20, 22, 63f., 66, 90

Sinnesmodalitäten 13f., 30, 84
Six-Step-Reframing 76, 81ff.
Sprache 10f., 17, 23, 28f., 45, 47, 49, 51–59, 84f., 88f.

Strategien 12, 17, 19, 21ff., 53, 85

Tilgung 10, 52, 58, 88

Unterbrechung (Rapport) 48f.

V.A.K.O.G. 12, 30, 81
Verben (unspezifisch) 56, 58, 88
Verzerrung 10, 52f., 58, 89
Vorannahmen 57

Wahrnehmung 17f., 25–39, 41ff., 46f., 63, 73, 75, 85f., 91

Zielbestimmung 61–67, 89f.